ROCAMADOUR

Au-delà du site enchanteur qui offre à Rocamadour son écrin sauvage de verdure de nature et de lumière, plus encore que la beauté enchanteresse de ce cadre féerique qui donne à notre sanctuaire diocésain son caractère si particulier, Notre Dame de Rocamadour est l'histoire d'une présence, celle de Marie, la mère de Jésus qui, depuis des siècles, accueille les pèlerins du diocèse et d'ailleurs, venant chercher auprès d'elle protection et réconfort, lui confier leurs épreuves et exprimer leurs demandes dans une fervente prière.

Pour le pasteur que je suis, N-D de Rocamadour représente le coeur et les poumons de notre église diocésaine. Comme dans la double contraction cardiaque de diastole et de systole, on vient au sanctuaire pour se ressourcer et l'on repart avec la force spirituelle que Marie nous communique afin de mieux vivre de Son Fils dans le quotidien de nos journées et de nos existences.
Mais très vite, il nous faudra revenir à la chapelle de la Vierge Noire pour de nouveau "oxygéner" notre foi soumise à rude épreuve dans un monde agité et épuisant. De là, nous retournerons dans l'univers familier de notre travail, de nos engagements, de nos loisirs, de nos relations, poussés par l'impulsion évangélique et l'élan missionnaire que Marie imprime dans le cœur et l'esprit de ceux qui lui font confiance.

Le sanctuaire de Rocamadour n'est pas simplement un lieu que l'on visite, mais un lieu où l'on est visité par Celle qui communique en permanence à l'Église, l'enthousiasme, le bonheur et le dynamisme de l'Esprit Saint aux pèlerins de la vie.

Plus que de belles pierres, Rocamadour est une maison, un abri sûr.
J'invite donc, toutes celles et ceux qui, grâce à ce petit guide, en découvriront les trésors cachés, à dépasser les beautés extérieures pour se fixer sur les beautés intérieures que renferme notre sanctuaire et qui se révèle,
– sur le visage et dans le cœur de la plus belle des "mamans",
– dans l'amour et la tendresse dont Elle enveloppe touristes et pèlerins qui franchissent le seuil de Sa maison.

J'exprime toute ma reconnaissance aux auteurs, rédacteurs et éditeurs de ce nouveau guide qui ont su mettre en valeur l'âme de ce sanctuaire et nous la révéler magnifiquement illustrée, avec clarté et convictions.

† Norbert TURINI
Évêque de Cahors

I. Le site et les hommes
    1 Le canyon de l'Alzou   p. 7
    2 La grotte de la Vierge noire   p. 7
    3 La statue de la Vierge noire   p. 8
    4 Ce que la grotte est devenue : la chapelle aujourd'hui   p. 11

II. Les premiers pas du pèlerinage hors de la chapelle
    1 Le tombeau de saint Amadour   p. 15
    2 La Durandal de Roland   p. 16
    3 Le Livre des Miracles   p. 17

III. L'ampleur des aménagements et des constructions
    1 La chapelle Saint-Michel   p. 19
    2 Les peintures du parvis de la chapelle Notre-Dame
        La peinture de l'Annonciation et de la Visitation   p. 21
        Les peintures incomplètes du parvis de la chapelle   p. 22
    3 Le parvis des églises   p. 23
        L'église souterraine dite "crypte Saint-Amadour"   p. 26
        L'église Saint-Sauveur   p. 27

IV. La notoriété du pèlerinage de Rocamadour au Moyen Âge
    1 Le sommet de son rayonnement, au temps des grands pèlerinages   p. 30
    2 Le village, fruit du pèlerinage   p. 33
    3 Le territoire   p. 35
    4 Le rayonnement de Rocamadour dans l'Occident chrétien   p. 38

V. Les années difficiles : XIVe-XVIIIe siècles
    1 Le départ des moines   p. 41
    2 La guerre de Cent Ans   p. 41
    3 Les guerres de Religion   p. 42
    4 Le discrédit des pèlerinages   p. 43

VI. Le renouveau architectural et spirituel du pèlerinage au XIXe siècle
    1 Les acteurs principaux   p. 45
    2 Le parvis des églises : éléments réparés ou restitués   p. 46
    3 Mgr Grimardias et Mgr Enard   p. 49

VII. Rocamadour aujourd'hui : une constante vitalité
    1 Le temps des "touristes"   p. 50
    2 Les grands pèlerins d'aujourd'hui   p. 51
    3 Un développement permanent   p. 53
    Rocamadour demain   p. 54

La Vierge Noire, cliché réalisé par Jean Louis de Farals Atelier Photo
" Pierre Images " Figeac Tél : 06 80 32 46 47

Ce "guide" se défend d'être un catalogue ou un inventaire des trésors de Rocamadour, projet intenable car voué à être incomplet ou partial. Il espère être un fil rouge ou une main tendue à tout visiteur ou pèlerin de passage pour l'inviter à découvrir une longue et riche aventure humaine. Elle est toujours en chemin et il pourra s'y associer dans l'admiration et l'émerveillement.

Quelle que soit sa manière d'arriver – en train, en car, en voiture, en vélo ou à pied – nous lui proposons de se rendre d'abord à la grotte de la **Vierge noire** : c'est là que tout a commencé. Depuis les rochers de la falaise, les pierres des constructions, l'espace de la vallée et du plateau, à travers la suite des siècles, il accompagnera ainsi la naissance et l'épanouissement d'un pèlerinage, d'un village, d'un site et d'un haut lieu au rayonnement inaltéré.

S'il est disponible, il sera tout entier investi, dans son imagination et son intelligence, par les récits ou la singularité des légendes ; son regard sera conquis par la beauté des paysages ; son cœur sera ému par la rencontre précieuse d'un lieu de mémoire prestigieux.

S'il est croyant il saura renouveler et rendre personnelle, sous l'expression naïve des dévotions populaires, sa réponse de foi en Celui dont la Mère nous dit dans l'Évangile des Noces de Cana : *"Faites tout ce qu'il vous dira."*

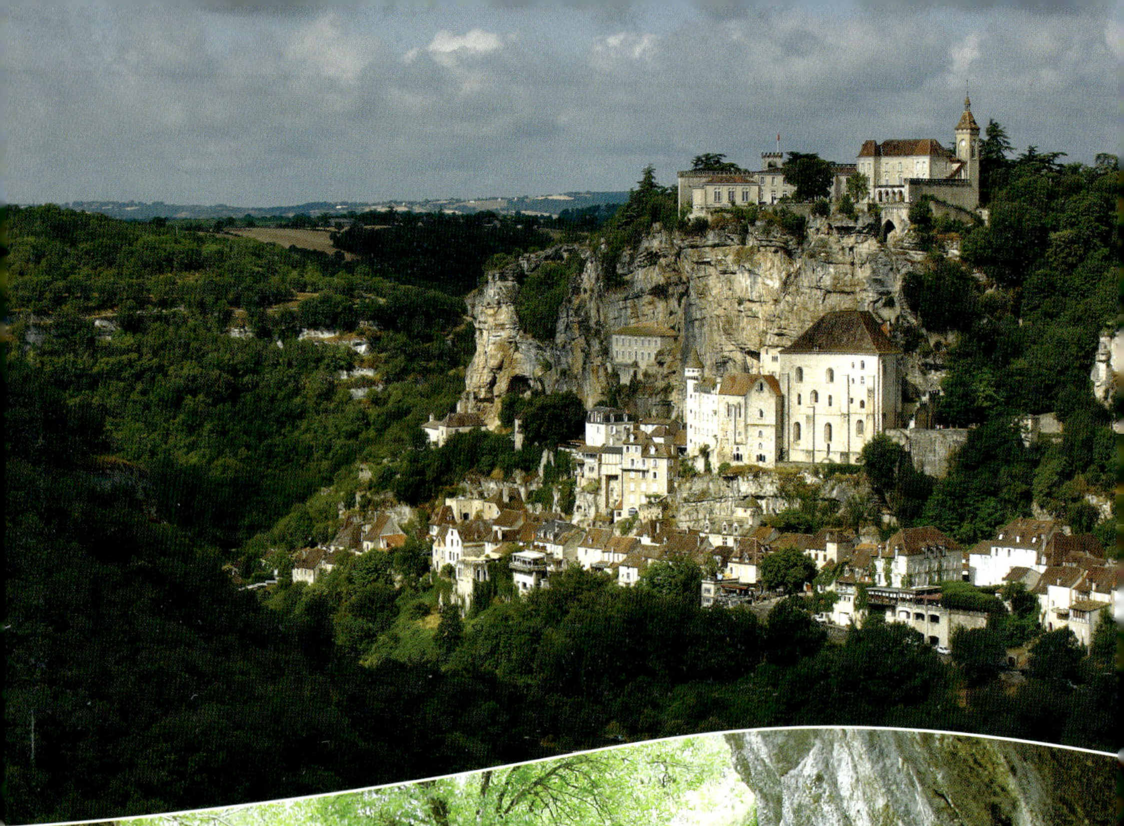
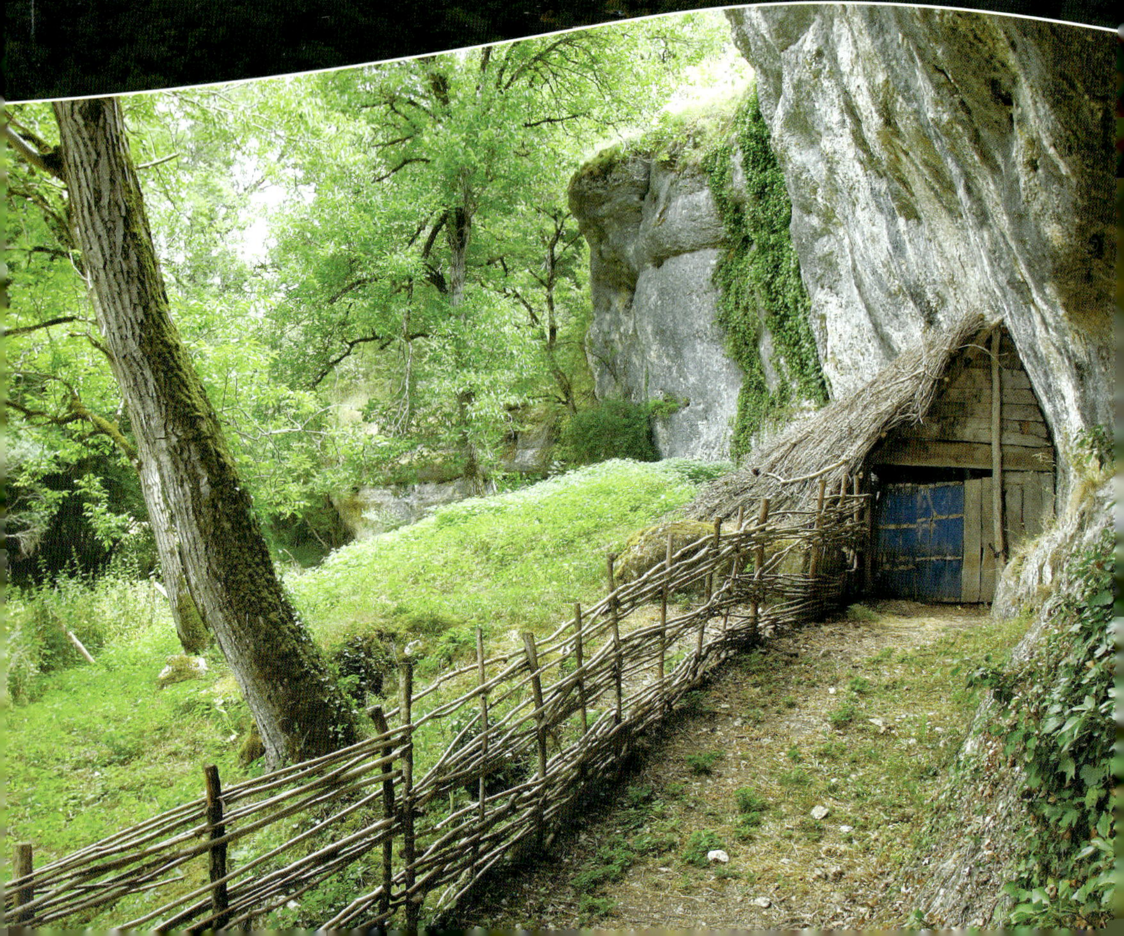

I. Le site et les hommes

1. Le canyon de l'Alzou

Sur les franges méridionales du Massif central, le Causse de Gramat (300 mètres d'altitude environ) est échancré sur ses bords par les rivières nées en Auvergne ou en Limousin : la Vézère, la Dordogne, le Célé ou le Lot. Elles ont creusé de profondes vallées aux abruptes falaises. Le bien modeste **Alzou**, la rivière de Rocamadour, actuellement asséché pendant l'été, a cependant formé, après des millénaires, un impressionnant canyon d'une centaine de mètres de dénivellation.
Le versant où nous sommes se développe sur un kilomètre environ du nord-est au sud-ouest et laisse apparaître, en son mitan, plusieurs entrées de grottes ou de cavernes.

2. La grotte de la Vierge noire

C'est l'une d'entre elles qui, par une fortune bien imprévisible, est devenue le cœur de la cité mariale. Aujourd'hui il est impossible d'en préciser la forme puisque la voûte s'est effondrée en 1476. Il faut donc la reconstituer à l'image des grottes voisines et la situer dans un environnement où l'homme préhistorique tient une place significative. La Grotte des Merveilles, un peu plus au nord, conserve des dessins que l'on peut dater de -30 000 à -25 000 ans. Parmi les vingt-huit grottes connues en Quercy pour leurs peintures pariétales, les plus proches, Pech-Merle et Cougnac, sont datées de la même époque.
Au dire des spécialistes ce seraient des "églises de campagne" paléolithiques, alors que les "cathédrales" seraient plutôt situées dans la vallée de la Vézère, pas très éloignée. Leur destination culturelle semble aujourd'hui bien reconnue.
Ici la grotte de la Vierge s'ouvre au nord-est, donc au soleil levant. Le site, protégé des intempéries et réchauffé dès l'aurore, est propice à un habitat humain et – pourquoi pas ? – à une fonction sacrée ou religieuse. L'hypothèse est plausible mais rien ne permet de l'affirmer, tant la nature et les hommes ont tout bouleversé.

Abri Pagès (Azilien). Vallée de l'Alzou

3. La statue de la Vierge noire

Ainsi, dans un abri sous roche plutôt exigu, dont il ne reste aujourd'hui que l'amorce de la voûte et la blessure vive dans le calcaire, a été exposée "depuis la nuit des temps" une image de la Vierge. Se serait-elle substituée à une déesse préhistorique ? Aurait-elle été précédée, comme à Chartres et au Puy, par une divinité celtique ? On peut toujours rêver mais on n'a pas de preuves.

Celle que nous contemplons aujourd'hui est-elle la statue des origines et la première ? Là encore nous restons sur notre faim. Elle fait partie, par son ancienneté (XIIe siècle) et sa facture, du trésor inestimable des 300 Vierges noires que revendique l'Occident, dont 150 sont en France, en particulier en Auvergne et dans le Roussillon. Contemporaine de la Vierge de Montserrat, de celle d'Orcival, de celles, brûlées sous la Révolution, du Puy et de Chartres, elle est, comme elles, de petite taille (68 cm). Sculptée dans un tronc de noyer, creusée à l'arrière pour recevoir des reliques non identifiées, elle est représentée assise sur un siège, évoquant le "trône de la Sagesse". L'enfant Jésus, au visage d'adulte en réduction – car on ne savait pas alors représenter les bébés ou les petits enfants – se tient, apparemment sans son aide, sur son genou gauche. A la différence de bon nombre de ses sœurs d'Auvergne ou de Catalogne, elle ne porte pas de voile. Un simple collier doré pare son vêtement aux plis sobres et sans apprêts.

La silhouette est frêle et un léger déhanchement la rend plus féminine et fragile encore, avec ses mains graciles posées sur les montants du siège. Sa couronne sculptée dans le bois mais mutilée pour supporter un diadème en or, volé depuis, fait ressortir la dimension disproportionnée de la tête.

Malgré tant de points communs avec les autres Vierges noires, elle reste unique et inimitable pour les fidèles de Rocamadour, par son originalité même : elle présente Jésus et l'offre au visiteur sans crainte mais sans se mettre en avant comme la "servante du Seigneur" ; elle esquisse un sourire d'accueil et de bienvenue, sans raideur ni sévérité ; elle tient enfin, comme l'enfant, le regard baissé et les yeux mi-clos, comme pour "écouter son âme", selon André Malraux, mais aussi pour signifier peut-être une capacité singulière d'attention et d'affection, tout en incitant chacun au regard intérieur et au silence, dans un climat de paix et de sérénité.

La chapelle Notre-Dame aujourd'hui

Le secret des Vierges noires

La statue de la Vierge de Rocamadour que nous conservons était-elle noire dès l'origine ? On ne trouve aucune indication sur ce sujet ni dans le *Livre des Miracles*, daté de 1172, ni dans d'autres documents contemporains. Le *Livre des Miracles* signale seulement de nombreuses offrandes de cire et de cierges brûlant au pied de la statue. Faut-il en conclure que leur fumée a noirci le bois de noyer dans lequel elle est sculptée et qui est naturellement sombre ?

La statue a été recouverte de plaques d'argent, comme celle de l'abbaye voisine de Beaulieu (Corrèze). Elle a été déplacée, maltraitée ou cachée, enfouie peut-être, pour échapper à des pillages, tel celui de 1562. La dégradation de l'argent, l'humidité... sont-elles responsables de son état actuel ?

Le P. Odo de Gissey, s.j., signale au XVIIᵉ siècle que la Vierge de Rocamadour ressemble aux Vierges de Montserrat et du Puy et qu'elle est plus noire que brune.
D'autre part, des restaurations récentes ont montré que d'autres Vierges dites noires étaient à l'origine polychromes. Ainsi la célèbre Vierge d'Orcival (XIIᵉ siècle).
Auraient-elles été noircies volontairement, pourquoi et à quelle époque ? Très tôt, pour exorciser les cultes païens dont certaines divinités étaient noires, comme l'Artémis d'Éphèse ? Ou pour faire le lien entre la Vierge Marie et la fiancée du Cantique des cantiques, "noire mais belle", ainsi que la reine de Saba ?
La question reste ouverte, malgré bien des spéculations à tendances ésotériques sur le "secret" des Vierges noires.
On peut se reporter à l'étude récente de **Sophie Cassagnes-Brouquet**, *Vierges noires*, Éd. du Rouergue, 2000.

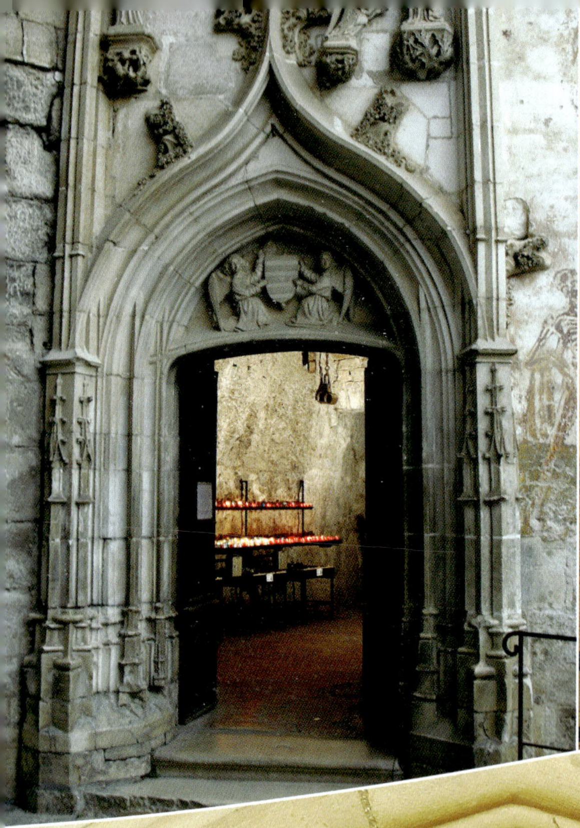
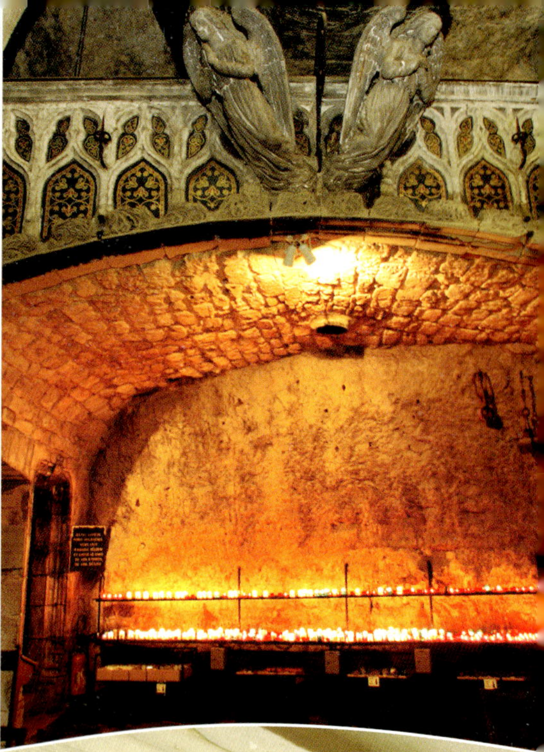
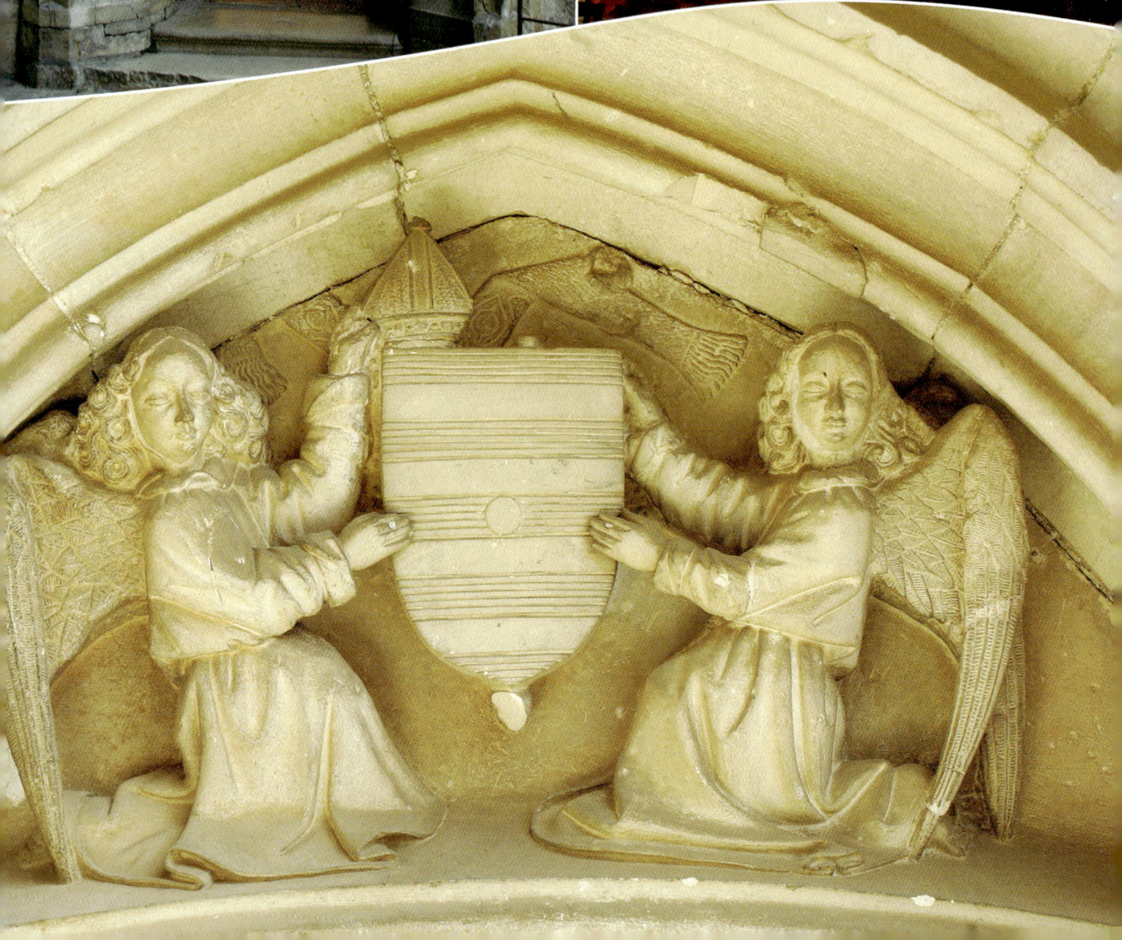

Photo de gauche :
Le portail gothique de la chapelle Notre-Dame
(Denis de Bar - 1479)
Photo de droite :
La falaise au reflet des lumignons

Rocamadour

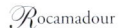

4. Ce que la grotte est devenue : la chapelle aujourd'hui

Avec la roche millénaire, la statue de la Vierge est tout ce qui reste de véritablement ancien dans ce lieu. La statue a même quitté le socle des origines, sur le fond de la paroi rocheuse, pour un **autel du XIXe siècle finissant (1889)**. On est surpris par le rapprochement insolite entre la discrétion maîtrisée d'une ronde-bosse romane et l'exubérance au goût douteux d'un romantisme déclinant : bronzes dorés, verroteries, dragons, fausses coupoles et ampoules rutilantes.

Ici sont rassemblés, dans le désordre, les vestiges de presque toutes les étapes, heureuses ou sombres, de la vie du pèlerinage, comme pour nous préparer à déchiffrer les mêmes remaniements dans l'ensemble des bâtiments.

Après l'effondrement du rocher en 1476, l'évêque de Tulle dont dépendait le pèlerinage, **Denis de Bar** (1471-1495), fit construire une "plus ample chapelle" en 1479. Il en reste l'inscription commémorative encastrée dans le mur et le **portail d'entrée** de style gothique flamboyant. Les sculptures au dessus du **tympan*** allient la virtuosité à l'humour avec, au lieu de l'acanthe traditionnelle, des sortes de légumes frisés que convoitent un lézard et un escargot. **L'Annonciation** est représentée avec, en fond de tableau, **saint Joseph**. L'ensemble est daté par les blasons de Denis de Bar et de son successeur, **Clément de Brillac** (1495-1514).

Lorsque, à partir de 1858, l'abbé Chevalt entreprend la restauration de l'édifice et décide de le doubler en surface et de l'exhausser pour sauvegarder l'équilibre des volumes, il conserve le portail et une partie du mur qui supporte la **peinture** de la rencontre "des trois morts et des trois vifs", le **bénitier** et de **petites armoires gothiques**. Le **retable***, en bois doré du XVIIe siècle, remonté au fond de la chapelle, sera remplacé, en 1890, par l'autel actuel et relégué dans la chapelle Sainte-Anne où on peut le retrouver.

Vouée à la dévotion des fidèles plus qu'à la célébration des offices, cette chapelle va accueillir tous les objets ou **ex-voto** qui rappellent leurs demandes ou leur reconnaissance. Ainsi la **cloche miraculeuse**, de facture très rare puisque forgée et non coulée, sans sommier*, avec une sorte d'anse pour la suspendre à la voûte, antérieure au IXe siècle, témoigne de la protection de Marie, "Étoile de la mer", pour les marins en péril. Une **plaque** indique les dates où la cloche a sonné d'elle-même lors des intercessions de Marie. Les **maquettes de**

Ci-dessus :
La cloche miraculeuse
Ex-voto de marin (XIX siècle)
Photo de gauche :
Les armes de Denis de Bar (1471-1495)

Note: voir lexique, p. 57*

11

Fers de prisonnier libéré, en ex-voto

bateaux relèvent de la même démarche de confiance. Quant aux **fers** accrochés au rocher, ils sont le souvenir de prisonniers libérés ou de pécheurs pardonnés. Un grand nombre d'autres ex-voto constitués de textes ou dates gravés sur de petites plaques de marbre et remontant pour la plupart au XIXe siècle, sont conservées en réserve, car la chapelle est en cours de nettoyage. De même **la tapisserie** tendue derrière l'autel actuel et offerte par les dames de Rocamadour, vers 1890, est maintenant ravivée et lisible.

Les accumulations successives de signes religieux nuisent sans doute à l'unité ou à l'harmonie de l'ensemble mais, consacrée à la dévotion, la chapelle se veut d'abord un mémorial pour l'édification du pèlerin et non un musée bien ordonné.
L'autel de 1889 remplit cette pieuse mission avec les **cinq bas-reliefs** en bronze doré dont il est orné. Dans l'intention de ceux qui en ont conçu le programme, il s'agissait de conforter la foi des pèlerins dans l'ancienneté d'un sanctuaire qui aurait pris naissance aux temps apostoliques. La confiance des fidèles risquait en effet d'être troublée, en ces temps d'anticléricalisme militant, par les critiques et les doutes des incroyants. Lorsque l'histoire semble muette, la légende, née d'une tradition immémoriale, fournit, à défaut de preuves, un socle de récits captivants et édifiants, comme le feraient des paraboles...
Ainsi, quatre des cinq bas-reliefs relèvent de la légende : **le premier en bas à gauche et le troisième à droite** montrent Zachée-Amadour répondant à l'appel de Jésus et ce même Zachée mourant à Rocamadour. Son âme est portée par un ange auprès de Marie. Le **2e panneau, en bas au centre**, représente saint **Martial**, évêque de Limoges, consacrant l'autel de la chapelle de Marie en présence de saint Amadour.

12

Rocamadour

Le premier panneau, en haut à gauche, illustre le passage de **Roland** à Rocamadour. On le voit accomplir un geste d'offrande et de consécration : il donne l'équivalent en or du poids de son épée. Seul le bas-relief, **en haut à droite**, se réfère à un événement bien connu et daté : la venue, en 1219, de **saint Dominique** à Rocamadour.

Le lien entre le moment présent et le temps des origines se vérifie encore pour le visiteur d'aujourd'hui, à travers les cheminements mystérieux de la légende et de l'histoire, par l'expression des vœux, des demandes ou des remerciements inscrits sur le livre d'intentions ou par le frémissement des veilleuses au creux du rocher.

L'autel de 1889. Émaux et cabochons

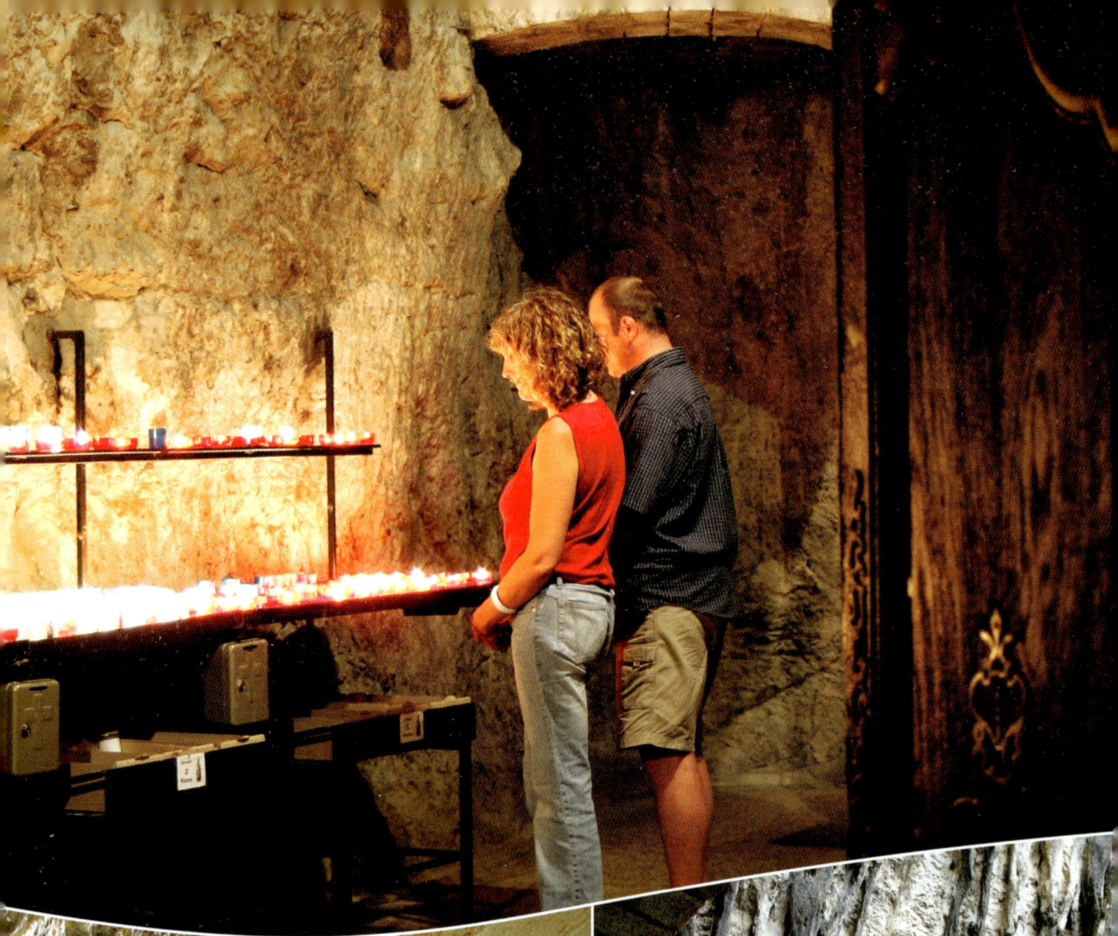
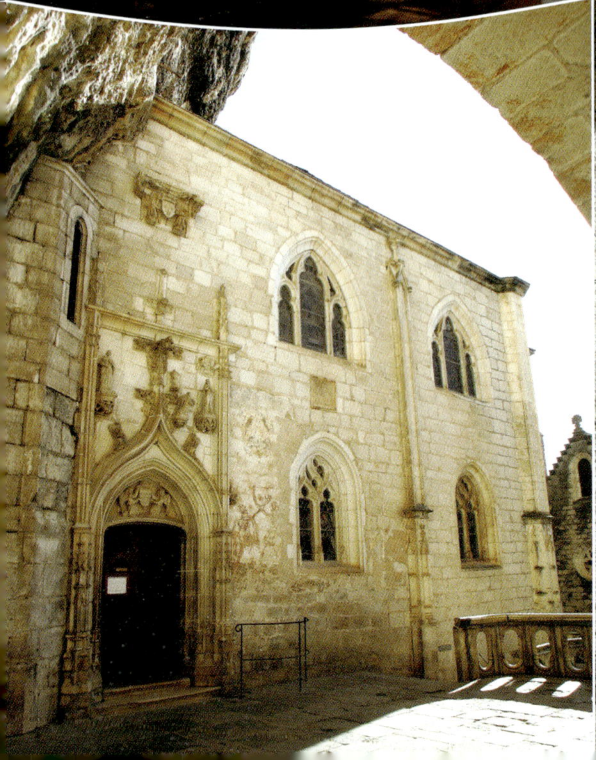
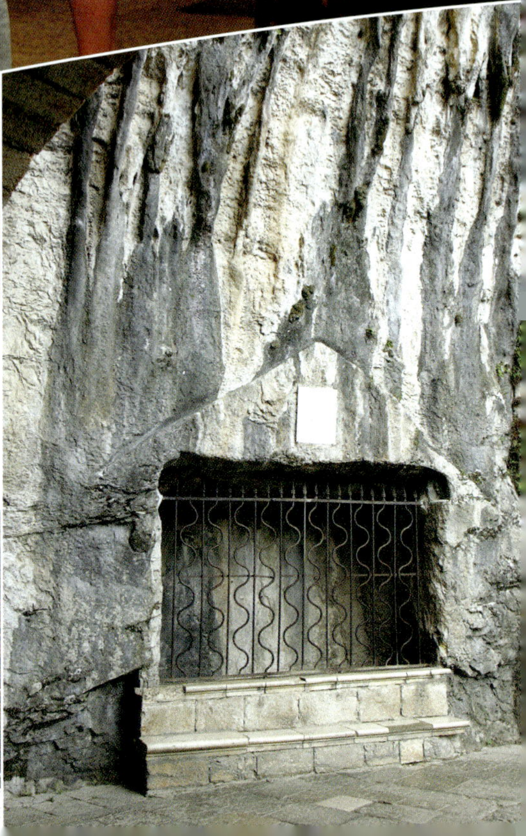

II. Les premiers pas du pèlerinage hors de la chapelle

Si la chapelle nous conduit au cœur du pèlerinage, elle ne peut rendre compte ni de son extension, ni de son importance, ni de son rayonnement.

Quelques repères historiques sont assez bien assurés : vers l'an mille, il est question d'une chapelle confiée aux moines de Marcilhac-sur-Célé, affiliés à l'ordre de Cluny (bénédictins). En 1105 et 1112, il est fait mention d'un culte à la Vierge Marie avec pèlerinage. L'objet du document n'a rien d'édifiant, puisqu'il évoque la mainmise irrégulière sur ce sanctuaire par d'autres moines, ceux de **Saint-Martin-de-Tulle**, eux aussi bénédictins. Le procès ouvert à cette occasion se terminera, en 1193, par une transaction reconnaissant de fait l'emprise des moines de Saint-Martin-de-Tulle. Ces derniers, à défaut d'esprit de conciliation sinon d'équité, ont su faire preuve d'énergie, d'opportunité et de dynamisme. La figure emblématique de cet essor étonnant de Rocamadour est l'abbé de Tulle, **Géraud d'Escorailles**, qui préside au destin de Rocamadour de 1152 à 1188. Son impulsion paraît essentielle mais il est difficile de dire si elle s'accompagne d'un afflux de pèlerins vers le sanctuaire, ce qui expliquerait l'attachement des moines de Tulle à Rocamadour, ou si ses qualités d'organisateur vont le provoquer.

1. Le tombeau de saint Amadour

Géraud est heureusement servi, en 1166, par une exhumation imprévue. À l'occasion du creusement d'une tombe pour un bourgeois du village, un corps intact est mis au jour sous le seuil de la chapelle. Le tombeau actuel situe approximativement cette découverte et permet de la dater. **Robert de Thorigny**, abbé du Mont-Saint-Michel, écrit en 1186 :

"L'an de l'Incarnation 1166, un habitant du pays, étant à ses derniers instants, commanda aux siens, sans doute par une inspiration de Dieu, d'ensevelir son cadavre à l'entrée de l'oratoire. En creusant la terre on trouva le corps d'Amadour bien conservé ; on le plaça dans l'église, près de l'autel, et on le montre ainsi intact aux pèlerins. Là se font, par la bienheureuse Marie, des miracles sans nombre…"

Photo de gauche :
La chapelle Notre-Dame. Restauration du XIXe siècle (voir page 11)
Photo de droite :
Le tombeau présumé de St Amadour

La notoriété du pèlerinage est alors bien établie puisque **Henri II d'Angleterre** y est venu prier en 1159. Il y revient en 1170 nous dit Robert, "en une région montagneuse et affreusement déserte". À ce moment le corps découvert quatre ans plus tôt a déjà reçu un nom, emprunté au lieu de sa découverte :

"Certains disent que le bienheureux Amadour fut le domestique de la bienheureuse Vierge Marie et qu'il eut quelquefois l'honneur de porter et de nourrir le Seigneur. Après l'Assomption dans les demeures célestes de la très Sainte Mère du Seigneur, Amadour, averti par Elle, passa dans les Gaules et mena longtemps dans le lieu susdit (Rocamadour) la vie d'un solitaire. Quand il mourut, il fut enterré à l'entrée de l'oratoire de la bienheureuse Vierge Marie. Ce lieu resta longtemps sans gloire ; on disait communément que le corps du bienheureux Amadour y reposait, mais l'on ignorait où il se trouvait" (Albe p. 14-20).

Plus tard, au XIIIe siècle, le conteur **Geuffroi de Paris** fait d'Amadour le héros d'une belle légende : du blé, semé par Jésus lors de la fuite en Égypte, lève aussitôt et décourage ainsi les satellites d'Hérode qui le poursuivaient. Le maître de ce champ miraculeux est saint Amadour qui devient alors familier de Marie.

Au XIVe siècle, le dominicain **Bertrand Gui**, très attaché à ses origines limousines, fait de saint Amadour l'époux de sainte Véronique, amie de cœur de Marie. Il lui fait rencontrer **saint Martial**, l'apôtre de Limoges qui, par la suite, vient à Rocamadour consacrer le premier autel de l'oratoire.

C'est seulement en 1427 qu'une bulle du pape **Martin V** identifie saint Amadour à **Zachée**, version choisie en 1889 pour l'autel de la chapelle.

Ce corps "tout à fait intact", que le chroniqueur **Aymeric de Payrac** (XIVe siècle) a pu voir de ses yeux "attendant la résurrection", est une relique de grande valeur, témoin en ce lieu de la puissance de la Vierge Marie qui lui a évité la corruption.

2. La Durandal de Roland

Avec la Vierge noire et la cloche miraculeuse, **l'épée de Roland** complète ce qu'il ne faut pas manquer d'admirer à Rocamadour. Elle continue à témoigner de la popularité, en Occident, du cycle des récits autour de Charlemagne et de son neveu Roland, en lien avec les chemins de Saint-Jacques-de-Compostelle. Les moines ont su, avec opportunité, saisir à leur profit ces récits légendaires, même s'ils n'ignoraient pas que la présence de cette épée était revendiquée en bien d'autres lieux. On ignore si elle s'y trouvait déjà du temps de Géraud. Elle a d'abord été scellée dans le mur face au portail de l'oratoire puis éloignée à bonne hauteur dans une fissure du rocher, car elle donnait lieu, avec le verrou d'un coffre situé au-dessous, à des rites de fécondité peu convenables.

3. Le *Livre des Miracles*

Un moyen de rayonnement encore plus efficace a été, du temps de Géraud et peut-être sur son initiative, la mise en circulation d'un recueil où sont relatés 126 prodiges survenus à Rocamadour par l'intercession de la Vierge Marie. Ce **Livre des Miracles**, daté de 1172, se rattache à un genre littéraire très répandu qu'on peut rapprocher des formes actuelles de la publicité. Nous avons ainsi, au XVe siècle, un recueil des miracles de sainte Fleur, une religieuse Maltaise de l'hôpital Beaulieu, proche de Rocamadour. Mais la qualité du *Livre des Miracles* de Notre-Dame de Rocamadour est exceptionnelle. La limpidité du style, la vivacité des récits, l'équilibre des commentaires en font une œuvre littéraire de premier plan. Le rédacteur, un moine de Rocamadour probablement, ajoute à cela un grand souci d'honnêteté et de discernement. Il ne retient que des faits exposés devant notaire. Nous avons ainsi accès à de multiples aspects de la vie médiévale : vie économique, politique et bien sûr religieuse. Les guérisons nous éclairent sur les formes multiples, physiques ou morales, des misères quotidiennes. Les libérations de prisonniers, les protections de voyageurs, pèlerins, marchands ou marins nous font ressentir la dureté et la précarité de cette époque ainsi que la vanité ou la perversion des individus. L'ensemble, dans sa riche diversité, nous fait entrevoir un univers religieux différent du nôtre par ses expressions, ses jugements ou son langage mais très proche de nous cependant par sa spontanéité, sa sérénité confiante, sa gratitude à l'égard de Marie ainsi que par l'espérance qui le soulève. Le succès mérité de ce recueil, dont nous avons de magnifiques manuscrits, traduit et répand la renommée du sanctuaire de Rocamadour.

© BNP. Fond latin 17491, F° 117v.

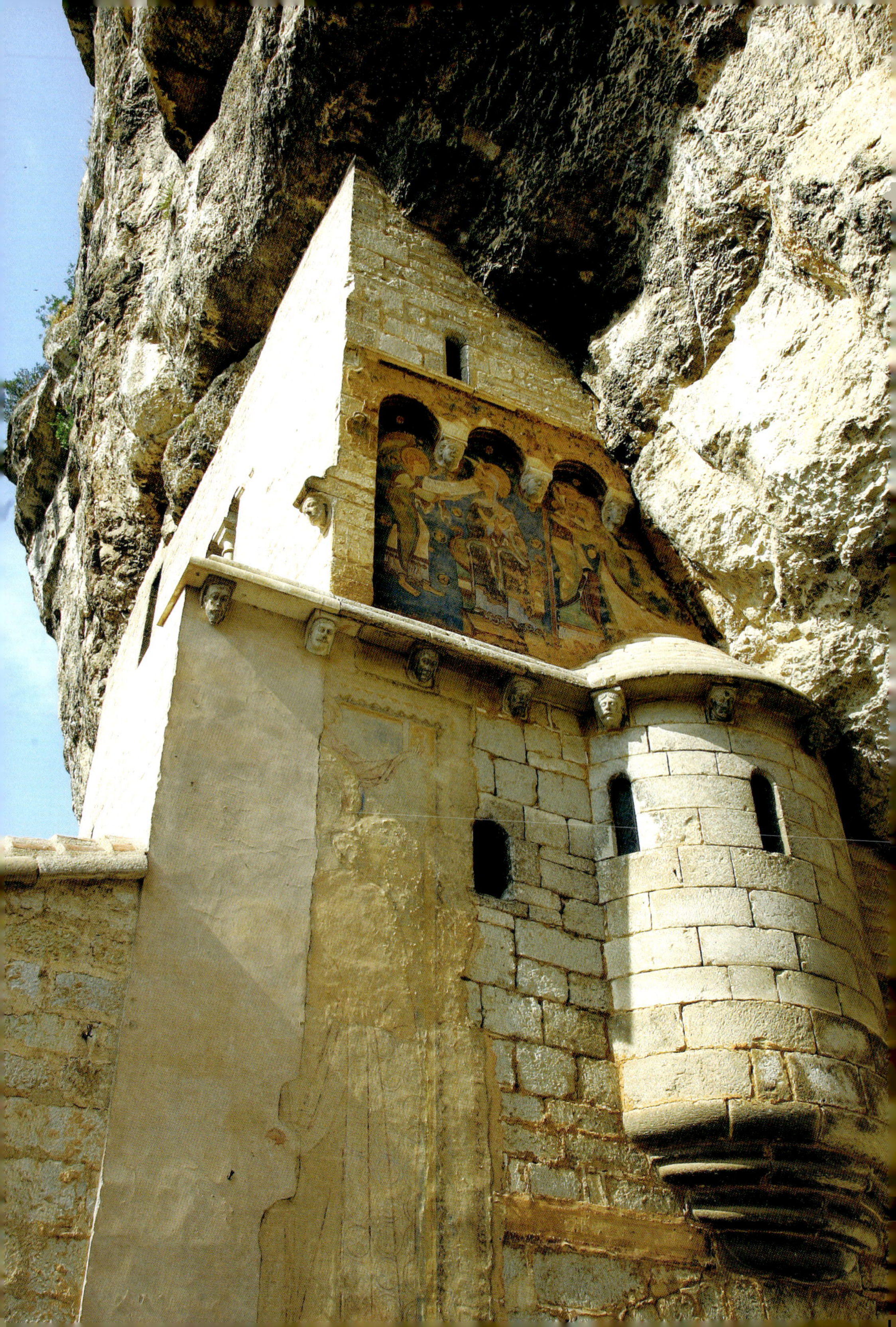

III. L'ampleur des aménagements et des constructions

Faute de documents, il est difficile de décrire les chantiers ouverts par Géraud sur le site, mais on lui doit la mise en œuvre des principales constructions, à savoir : la **chapelle Saint-Michel**, la **crypte Saint-Amadour** et **l'église Saint-Sauveur**. Il faudra un siècle environ pour les terminer (1160-1260).

1. La chapelle Saint-Michel

Sous l'avancée de l'encorbellement de la falaise, en prolongement de la terrasse de la chapelle miraculeuse, un espace bien protégé, orienté au sud, était disponible. En amorçant les murs 10 mètres plus bas environ, les moines pouvaient aménager une cave, devenue maintenant la salle dite "du rocher" et le hall d'entrée du musée. Au-dessus, un lieu de séjour se situe au même niveau que la chapelle de la Vierge. Enfin, après avoir ménagé un passage voûté le long de la falaise, une dernière construction est

Ci-dessus :
Le Christ en majesté. À gauche l'archange St Michel, peseur d'âmes
Photo de gauche :
La tour-porche de la chapelle St Michel

Rocamadour

calée en hauteur sur le rocher. L'ouvrage, à deux niveaux de 6 mètres sur 5 environ, est orné vers la chapelle, d'une petite absidiole* et équipé de banquettes sur les côtés. On y accède depuis le parvis de la chapelle par un raide escalier de 28 marches. **La peinture**, très dégradée, au-dessus de la porte d'entrée, représente l'archange saint Michel. On voit le même archange, peseur d'âmes, dans **la peinture du XIII**e siècle qui décore l'absidiole. Il est, avec un autre ange, aux pieds d'un Christ en majesté, inscrit dans une mandorle* et entouré des quatre évangélistes. De là vient le nom de chapelle Saint-Michel. Sans doute était-elle l'oratoire des moines puis des chanoines qui pouvaient de là avoir vue sur l'entrée de la chapelle. D'autres constructions, aujourd'hui disparues, prolongeaient cet oratoire jusqu'à un sentier à flanc de falaise. Il conduit à une autre terrasse utilisée, au XIXe siècle, comme logement sous le nom de **"maison à Marie"**. Cette dernière, rebâtie de 1852 à 1856, a pris la suite d'un ermitage ancien. Proche de la voûte soutenant l'oratoire Saint-Michel subsistait jusqu'au XIXe siècle **un autre oratoire, dédié à saint Louis**, pèlerin de Rocamadour en 1244.

Détail ci-contre :
St Michel terrassant le dragon

L'Annonciation

2. Les peintures* du parvis de la chapelle Notre-Dame

La Visitation

La peinture de l'Annonciation et de la Visitation

Entre le sommet de l'absidiole de la chapelle Saint-Michel et les trois arcades qui couronnent son mur nord, un artiste inconnu du XIIe siècle a représenté les mystères majeurs de la vie de Marie : **l'Annonciation et la Visitation**. Le premier tableau, à gauche, met en contraste deux attitudes : celle de Marie, assise sur un tabouret, les cheveux légèrement voilés, alliant surprise et abandon, et celle de l'ange Gabriel, un peu plus bas, tout en mouvement ; dans sa main tendue, il tient la salutation inscrite sur une banderole : "Ave Maria". À droite, sur l'espace laissé libre de la falaise, se dessinent les deux élans d'une rencontre longtemps désirée : **Marie** termine dans la paix son chemin tandis qu'**Élisabeth**, comme le suggère le pli du rocher, se précipite vers elle pour la serrer dans ses bras.

S'inspirant des châsses limousines et, pour les regards et les visages, des compositions byzantines, cette œuvre incomparable sait allier la souplesse des gestes, l'harmonie dans le drapé et la subtilité des couleurs avec, sur fond bleu soutenu, des touches de rouge, ocre ou brun. L'ajout de cabochons* et de nimbes* en relief achève d'animer l'ensemble du souffle même de l'Esprit, figuré par une colombe.

Les peintures incomplètes du parvis de la chapelle

La plus ancienne (XIVe siècle) représente le géant **saint Christophe**, avec l'enfant mystérieux – Jésus lui-même – sur son épaule. Il est le protecteur des voyageurs et des pèlerins. **Le coffre** aux ferrures du XVe siècle qui se trouve au-dessous, maintenant séparé de l'épée de Roland à cause des risques de superstition, continue de solliciter la générosité des pèlerins…

Sur la partie gothique de la chapelle subsiste un fragment de **peinture du XVe siècle** s'inspirant du "Dict des trois morts et des trois vifs" qui évoque la fragilité de tout homme, riche ou pauvre, jeune ou âgé. Le thème est en harmonie avec l'inquiétude ou même l'angoisse de ces temps de peste noire. Le lieu de la composition est bien approprié puisqu'il domine un parvis réservé à la sépulture des chanoines.

Détail ci-contre :
Dict des "trois morts"

3. Le parvis* des églises

Il est ainsi nommé parce qu'il est aujourd'hui entouré de cinq églises ou chapelles. Avec la chapelle miraculeuse et la chapelle Saint-Michel est atteint le chiffre **sept**, symbole d'une perfection ou plénitude propre au sanctuaire de Rocamadour. L'arrivée de plain-pied par le tunnel ou l'accès progressif par l'escalier réservent toujours une surprise : voici un espace saisissant mais qui reste familier par ses dimensions. La falaise, sur 50 mètres de hauteur, resplendit au soleil du matin tandis que le ciel tient lieu à la fois de voûte et d'horizon. Malgré les restaurations assez intempestives du XIXe siècle (voir p. 45), l'essentiel est parvenu jusqu'à nous : une cité religieuse ouverte à la foule des grands jours pour les pèlerins ou les touristes, et cependant propice au recueillement, en morte saison, pour le passant solitaire.

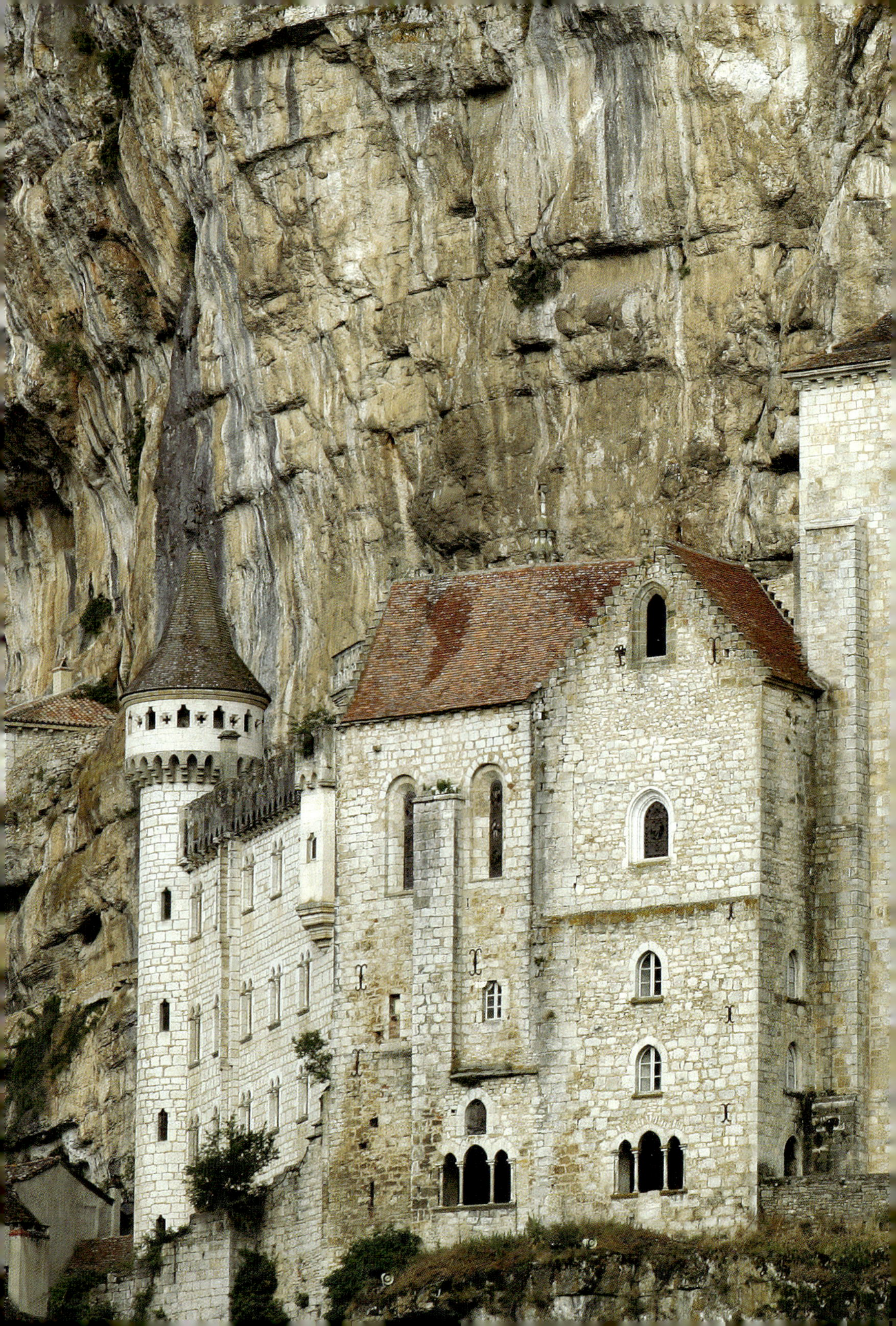

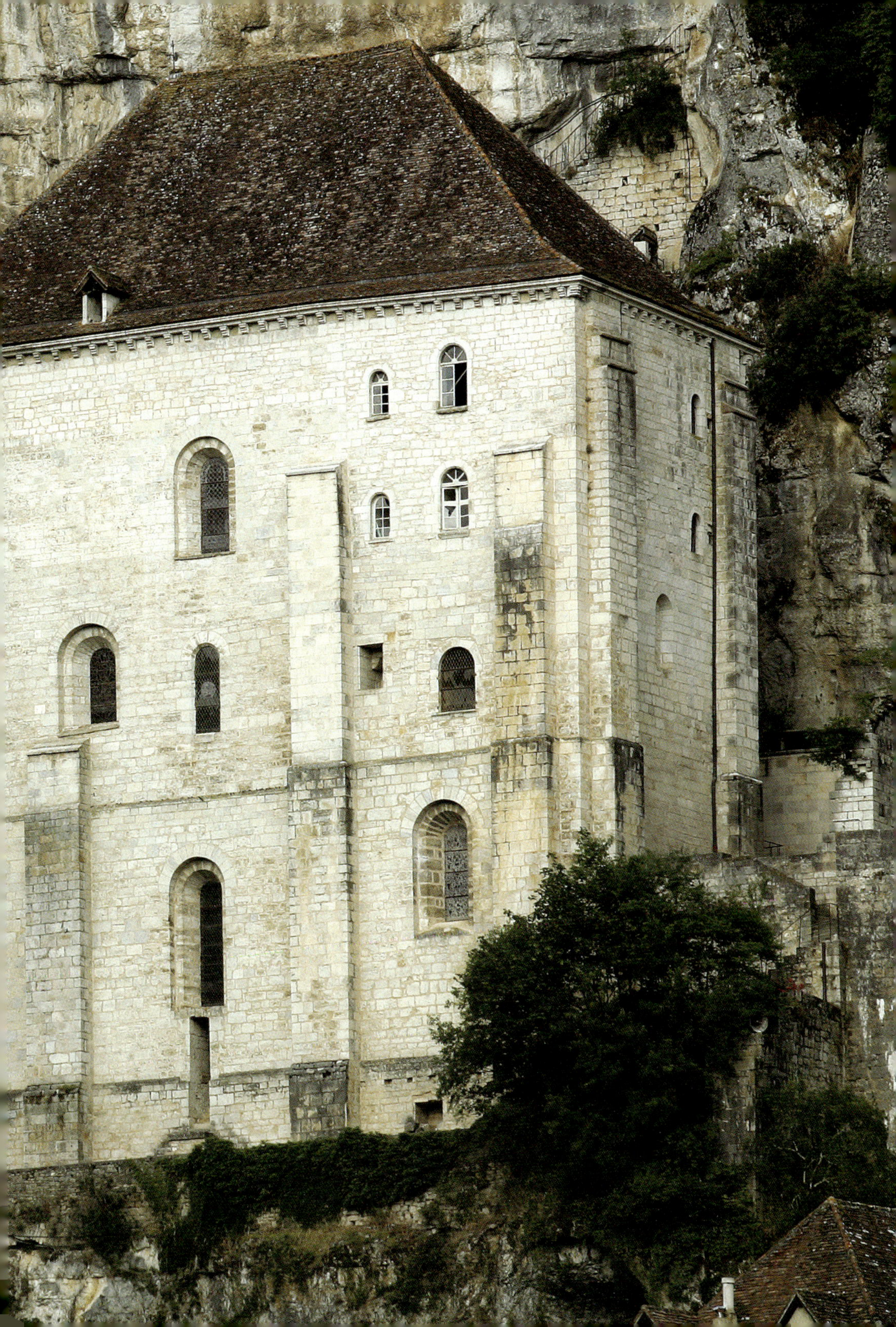

L'église souterraine dite "crypte Saint-Amadour" (XIIᵉ siècle)

La chapelle Saint-Michel et ses annexes ne représentent qu'une faible part du programme de constructions mis en œuvre par Géraud d'Escorailles. Il a conçu un ensemble monumental dont l'audace surprend lorsqu'on aborde Rocamadour par la route de **Couzou**, en face, sur la rive gauche de l'Alzou.

Sur un décrochement de la falaise s'élève une puissante muraille de 30 mètres de long et de même hauteur. Elle est percée de trois rangs superposés d'ouvertures romanes et étayée de quatre puissants contreforts. Nous sommes en présence de deux églises superposées. On peut accéder à l'**église inférieure** par une étroite ouverture du côté de la falaise et un escalier de 30 marches qui descend du parvis. Elle porte le nom de **"crypte Saint-Amadour"**. Elle est bâtie sur un ressaut de la terrasse attenante à la grotte primitive et tire ainsi habilement profit des contraintes du site.

Cette église de 16 mètres de long sur 8 de large et 7 de haut reste de type roman avec son puissant arc doubleau* central et ses deux ouvertures en plein cintre. Deux arcs diagonaux*, sans clé de voûte, comme une esquisse d'ogive, soutiennent les deux travées inégales. La voûte a été prolongée à l'origine par une citerne qui formait le soubassement d'un donjon défensif. À cette citerne, indispensable en cas de sécheresse ou de siège, correspond une ouverture plus petite et décalée vers le haut.

C'est dans cette église, appelée à tort "crypte Saint-Amadour", qu'a été déposé très tôt le corps de saint Amadour "qui jamais ne pourrit". Éloigné de la chapelle de la Vierge, il semble conserver, à cause de sa préservation considérée comme miraculeuse, son statut de relique prestigieuse. Mais il est en retrait du lieu où Marie est honorée. On ne lui attribue aucun miracle particulier mais seulement le rôle d'accueil de celui qui introduit les pèlerins auprès de Notre-Dame. Il reste ainsi fidèle à la vocation du serviteur que, selon la légende, il a toujours été.

Le corps saint n'a pas survécu au déclin du pèlerinage puisqu'il a été brûlé par les protestants en 1562 (voir p. 42).

Accès à la crypte St Amadour

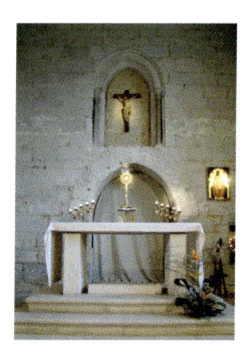

L'église Saint-Sauveur

La surface gagnée sur le vide par l'aménagement de la crypte Saint-Amadour, c'est-à-dire par l'église inférieure, comme on vient de voir, a permis d'envisager la construction d'une belle salle rectangulaire de 26 mètres sur 20 en extérieur et de près de 15 mètres de hauteur sous voûte. Elle est divisée en deux nefs* par deux puissantes colonnes de près de 8 mètres de haut. Comme pour la crypte Saint-Amadour, la voûte repose sur des arcs diagonaux*, mais un peu plus allégés, et s'y raccorde éventuellement par des blocs de maçonnerie. Ces arcs s'ancrent à l'ouest dans le rocher qui tient lieu de mur. Au nord, une ouverture donne accès à l'ancien donjon, bâti dans le même mouvement. À l'est deux absides* ont permis de transformer l'édifice en église pour le culte, tout en conservant son usage de lieu d'accueil pour les pèlerins. Au sud s'ouvre le portail à triple arcature et, le long de la falaise, une porte permet d'accéder à la chapelle miraculeuse.

Avec ses deux rangs d'ouverture à l'est, trois autres ouvertures au sud – dont l'une a été condamnée par suite de l'exhaussement de la chapelle miraculeuse – et une située au nord, cette église, comme la crypte Saint-Amadour, compense par sa luminosité et l'équilibre de ses volumes le sentiment de lourdeur ou d'écrasement que pourrait susciter le caractère massif de la maçonnerie.

Dédiée au **Saint Sauveur**, selon la tradition bénédictine puis devenue "basilique mineure" en 1913, elle se prête aussi bien à l'admiration des médiévistes, puisqu'elle est contemporaine des grandes églises gothiques du nord de la France, qu'à l'accueil des célébrations liturgiques, dans l'esprit de Vatican II, avec l'autel situé à l'est.

Le Christ du XVIe siècle, actuellement fixé sur la face nord et autrefois au centre du dallage, accueille à sa manière les épreuves et les angoisses de tous ceux qui viennent à Rocamadour le cœur meurtri. En même temps le bois de la croix, taillé dans un arbre vivant et que l'on voit bourgeonner, offre un signe de guérison et d'espérance.

Une **boiserie** (XVIIIe siècle) en noyer, et un **vitrail** représentant le Bon Pasteur (1930), autour de l'autel récent, orientent vers l'est, selon la tradition, l'ensemble du monument.

Un des vitraux de l'ensemble XIXe siècle

Le Bon Pasteur (1930)

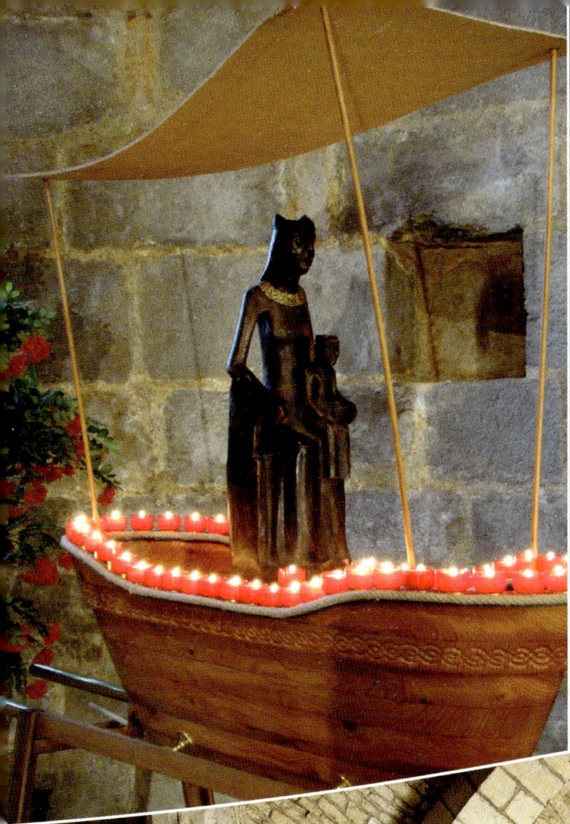
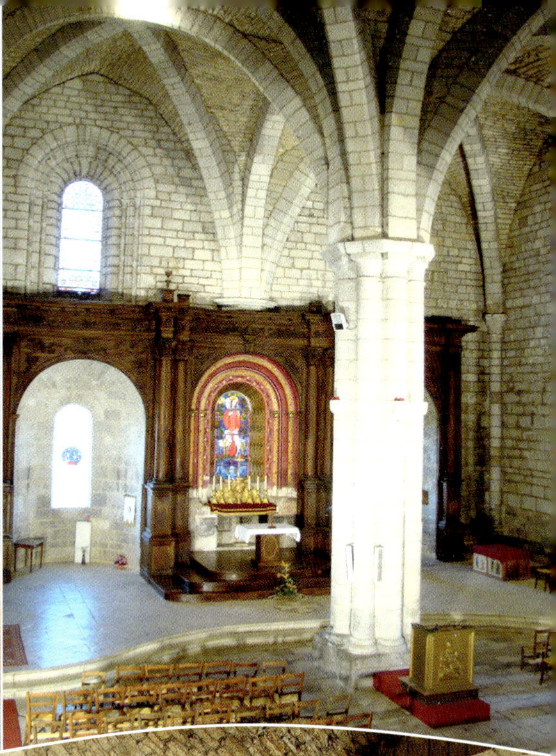
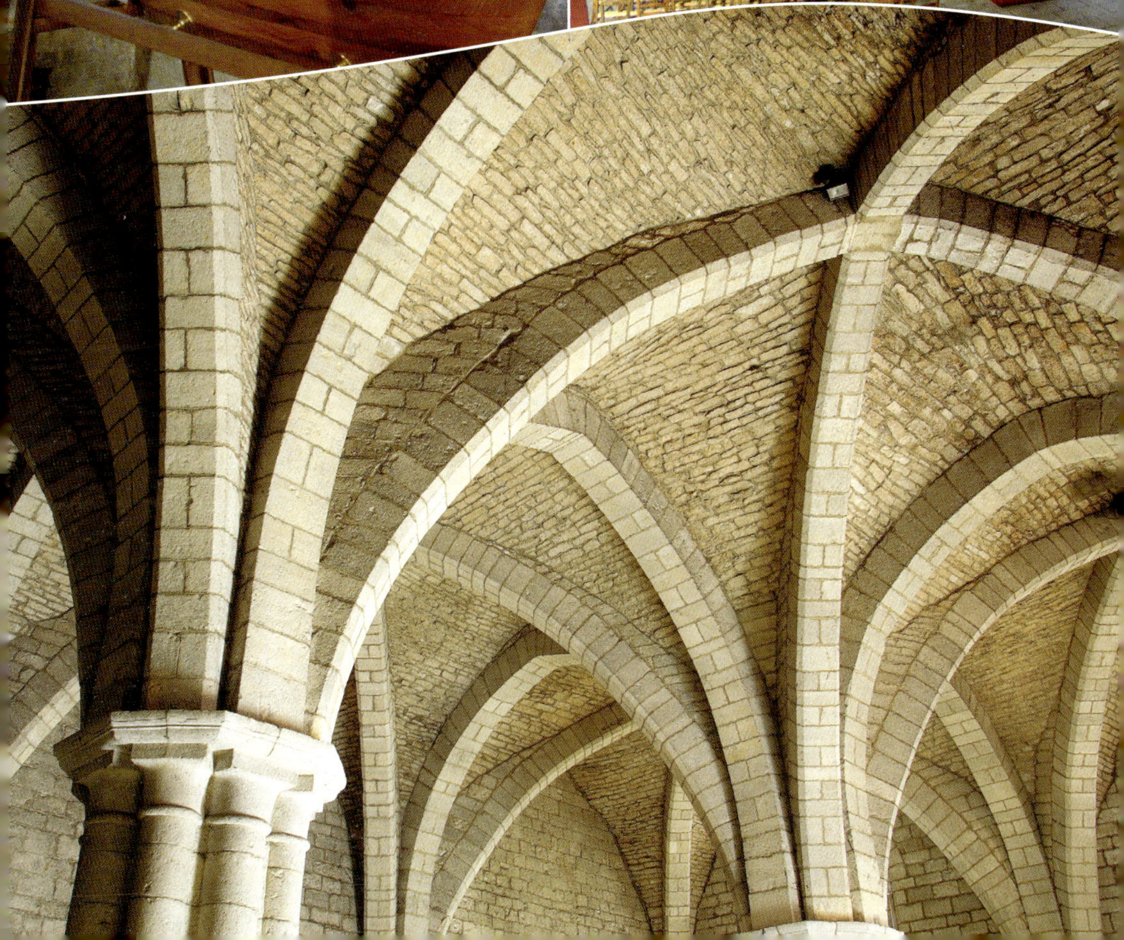

IV. La notoriété du pèlerinage de Notre-Dame de Rocamadour au Moyen Âge

1. Le sommet de son rayonnement au temps des grands pèlerinages

Gardant en mémoire cet ensemble architectural accroché à la falaise, dont les pierres frémissaient au soleil d'été car elles étaient encore fraîches de taille, il y a huit siècles, il est possible de faire revivre les "Riches heures de la Dame de Rocamadour".

Le contraste est saisissant entre cette modeste grotte-chapelle où, à la lumière fumeuse et dorée des cierges, est exposée une statue de la Vierge Marie gauche et malhabile – celle-là même que nous admirons aujourd'hui – et la foule des pèlerins de toutes conditions qui s'y rendent des quatre horizons de la chrétienté. Hormis la grotte, il n'y a ici ni apparition, ni source, ni buisson de ronces où quelque berger, guidé par le taureau de son troupeau, aurait découvert une statue merveilleuse. On n'y trouve pas non plus de pressant message de pénitence ou d'admonestation à adresser à une humanité en péril. Les apports légendaires – saint Amadour, saint Martial, Roland, les récits hauts en couleur du *Livre des Miracles* – poussent plutôt à reconnaître qu'à créer le mouvement de confiance et de vénération qui s'y manifeste.

À côté de la paix relative du moment, d'une stabilité politique moins précaire, d'une activité économique soutenue, enfin de l'instinct nomade inscrit au cœur de l'homme, il faut reconnaître toute sa place à une foi chrétienne profonde et partagée dont le pèlerinage a pu être une expression privilégiée. Les responsables religieux n'ignorent pas les limites de ces démarches mais ils préfèrent en réguler les formes que s'y opposer. Ils ont favorisé les dons en espèce ou en nature : fermes, domaines, etc. qui ont permis de clore en un siècle la plus grande partie du chantier. Jadis, à Rocamadour, le pèlerinage, imposé comme peine juridique, a permis d'effacer les séquelles d'hérésies cathares ou autres. Les princes et les rois, d'**Henri II Plantagenêt** (1159 et 1170) à **saint Louis** (1244), y sont venu chercher un gage de leur légitimité ou affirmer leur autorité politique. Au XIIIe siècle, les nouveaux courants religieux, représentés par les ordres mendiants, y ont puisé leur foi en l'avenir : **saint Dominique** y passa en 1219 et **saint Antoine de Padoue** vers 1224. La foule des anonymes y a découvert un espace de rencontre, de fête partagée, de réconciliation et quelquefois des occasions de rapines ou de débauches.

Rocamadour

Le grand escalier (216 marches)

Les pèlerins célèbres de Rocamadour

Le nom des plus connus est signalé, sur une plaque de céramique, vers le milieu du Grand Escalier.

Hommes d'Église et religieux
Saint Engelbert, évêque de Cologne, en 1216 et 1225.
Saint Dominique et Bertrand de Guarrigue en 1219.
Saint Antoine de Padoue vers 1224.
Le bienheureux Christophe de Romagne, compagnon de saint François d'Assise.
Le bienheureux Raymond Lulle (1232-1316), franciscain.
Le bienheureux Alain de Solminihac, évêque de Cahors, très souvent à partir de 1648.
St Elisabeth de la Trinité (Elisabeth Catez) en 1900.
Le nonce Roncalli, devenu le bienheureux pape Jean XXIII, en 1952.

Princes, seigneurs et laïcs
Henri II Plantagenêt en 1159 et 1170, avec son chancelier, Thomas Becket, laïc puis évêque de Cantorbéry, martyr en 1170.
Henri au court-mantel, fils rebelle d'Henri ; il vient piller Rocamadour en 1183 et meurt quelques semaines plus tard à Martel.
Saint Louis, sa mère et ses trois frères en 1224.
Philippe le Bel, roi de France, en 1303.
Charles le Bel, roi de France, en 1323.
Philippe le Valois, futur roi de France, en 1335.
Louis XI, roi de France, en 1443 et 1463.
Francis Poulenc et Edmond Michelet (voir p. 50).

L'Assomption de Marie

2. Le village, fruit du pèlerinage

À la même époque, succès et contraintes se conjuguent pour transformer le site et l'environnement. Le village, au bord de l'Alzou, dans une terre désolée, naît du besoin de nourrir et d'héberger les pèlerins. La prospérité même des artisans ou des tenanciers de gîtes ou d'auberges attire les voleurs et les bandes de pillards. Il a donc fallu, en retour, prendre des mesures de sécurité et de protection. Le village actuel garde peu de vestiges de son habitat médiéval, sauf la **maison couverte de lauzes (XVe siècle), l'actuelle mairie**, et quelques soubassements de bâtisses reprises au XIXe siècle. Sept portes, plus ou moins remaniées, subsistent du système défensif ancien : la **porte de l'Hôpital,** la **porte du Figuier**, la **porte Salmon**, la **porte des Testuts**, la **porte Hugon**, la **porte Basse** et la **porte Cabilière**. Elles permettent de diviser le village, étendu sur une seule rue, en quartiers moins exposés. Les édifices religieux constituent une sorte de fort par la construction d'un mur continu et de deux portes fortifiées. Il en reste des traces avec le chemin de ronde qui contourne l'ensemble. Sur le plateau, un espace délimité par un rempart interdit l'agression par le haut de la falaise. Il est accessible depuis le bas par un escalier creusé dans le roc ou ménagé dans les murs des églises. Cet "escalier secret" assure la liaison avec la partie donjon.

L'accès aux sanctuaires se fait à flanc de falaise par des sentiers périlleux comme celui qui conduit aujourd'hui de l'esplanade Michelet à la porte du Figuier. Le principal moyen d'accès reste le **Grand Escalier**, autre monument emblématique de Rocamadour. Il comprend actuellement 216 marches et ni sa forme ni son implantation n'ont guère pu varier. À son rôle utilitaire s'est jointe une dimension pénitentielle très tôt pratiquée : accueillir dans la rue du village les pénitents obligés ou volontaires, les charger de chaînes puis les libérer sur le parvis après la montée des centaines de marches, sans doute à genoux. Cette montée à genoux, maintenant accompagnée de "Je vous salue Marie", a pu continuer jusqu'à aujourd'hui pour les plus fervents ou les plus jeunes.

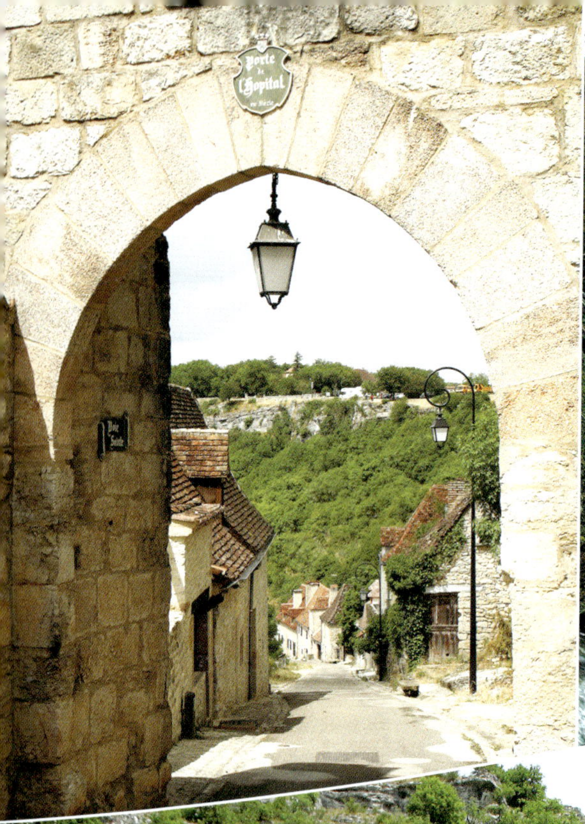
Porte
de
l'Hopital

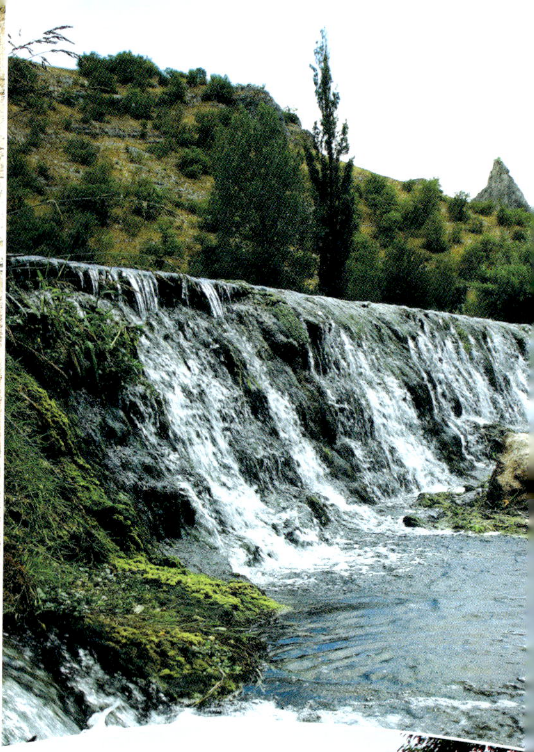

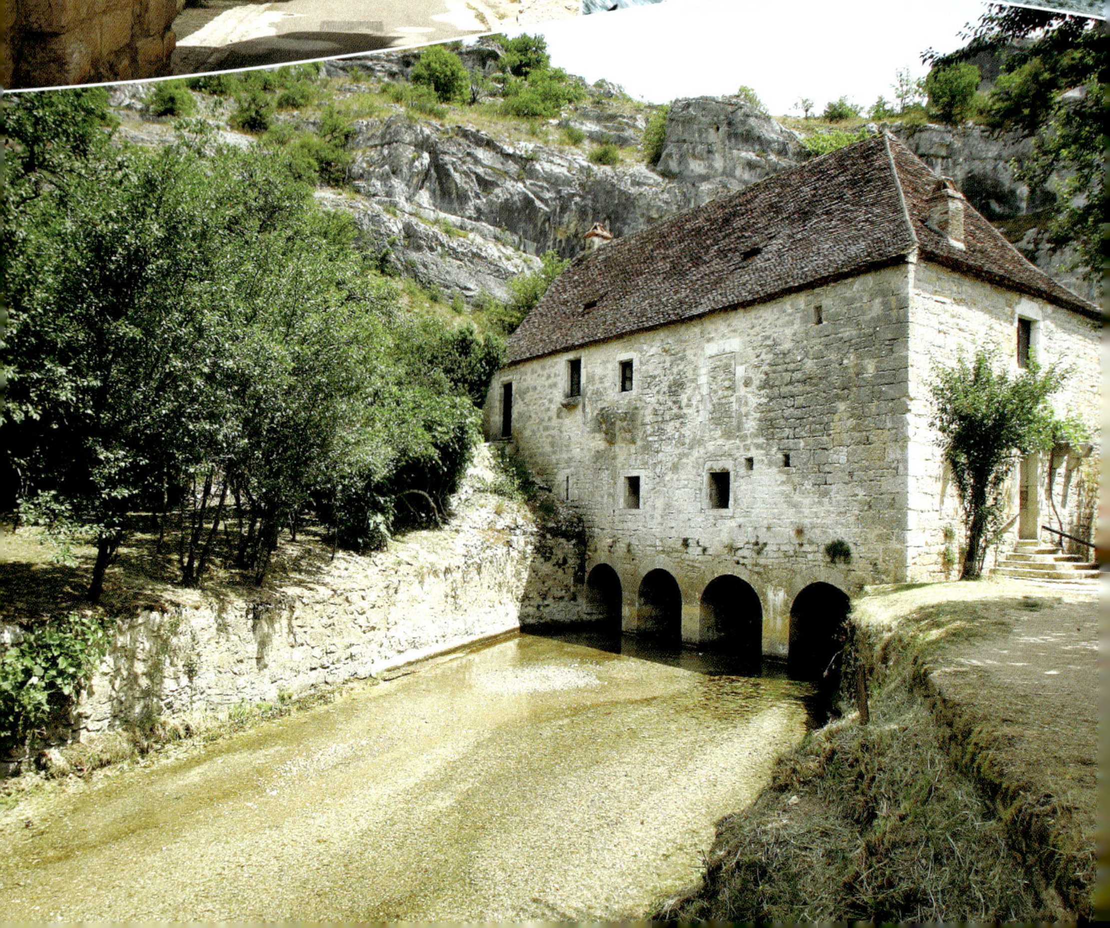

Photo de gauche :
La porte de l'Hôpital au départ de la "Voie Sainte"
Photo de droite :
Chaussée de moulin sur l'Ouysse

Rocamadour

3. Le territoire

L'afflux des pèlerins, comme dans toutes les villes sanctuaires, induit un développement économique dont tire profit directement tout le territoire proche surtout à une époque où les moyens de transport et d'échange sont limités. Les premiers besoins sont alimentaires et, avec la rareté des ressources locales, la vocation agricole des moines cisterciens d'**Obazine**, abbaye distante d'environ 50 km, a trouvé ici une possibilité d'implantation et de développement.

On voit ainsi les moines fonder, au XIIe siècle, un ensemble d'exploitations ou "granges" à partir des **Alix**, avec **Couzou** et **Bonnecoste**. S'y ajoutent, au XIIIe siècle, **Calès**, **La Pannonie** et **Carlucet**. La principale, celle des **Alix**, à 3 km de Rocamadour, comprend une surface labourable d'environ 250 ha sans compter les étendues considérables de pacages à chèvres ou à moutons. Les débouchés du surplus de céréales sont assurés grâce aux pèlerins du sanctuaire. Les eaux, même irrégulières, de l'Alzou ont permis aussi d'installer des moulins. Il reste aujourd'hui les ruines de la chapelle paysanne des Alix, qu'il est en projet de restaurer. Pour sept des moulins monastiques, il reste de maigres vestiges. Sur l'Ouysse, affluent de la Dordogne, né d'une résurgence, deux autres moulins sont bien conservés : celui de Caoulet et celui de **Cougnaguet** (XIVe siècle), encore en état de marche. Avec les seigneurs locaux qui exploitaient quatre autres moulins sur l'Ouysse, les moines d'Obazine assuraient l'essentiel de la production nécessaire aux pèlerins.

Les moines de Saint-Martin-de-Tulle restaient maîtres de la gestion spirituelle du pèlerinage. Ils y ajoutaient une activité plus matérielle ou commerciale grâce à la haute main qu'ils avaient acquise sur la fabrication des **"sportelles"**. Ce sont des insignes en plomb moulé qui représentent leur propre sceau avec la Vierge trônant dans une mandorle*. On peut les coudre sur un vêtement, grâce à des anneaux et se les procurer au pied des sanctuaires, sur la place des **Senhals** (des "insignes"). Ils authentifient la qualité de pèlerin de Rocamadour.

La voirie elle-même a dû s'adapter et se développer devant le nombre des gens de passage. Le décompte en est possible dès la traversée de la Dordogne, au **bac de Montvalent**. Avec les routes ce sont les gîtes qui se sont multipliés au long des principaux itinéraires. Le pèlerinage de Saint-Jacques-de-Compostelle, antérieur d'un siècle à celui de Rocamadour, y a fortement contribué. Beaucoup de pèlerins, venus du nord, font le détour par Rocamadour, favorisant ainsi la fondation, par des religieux ou

Le moulin de Cougnaguet

des municipalités, d'hôpitaux ou sauvetés*. À quelques kilomètres de Rocamadour nous connaissons l'**Hôpital Saint-Jean**, proche de Martel, et l'**Hôpital Beaulieu**, près de Gramat. Ici même nous avons sous les yeux les restes importants de l'Hôpital placé sous le patronage de saint Jean, au bord du plateau, sur la route du nord : c'est l'**Hospitalet**. Les pèlerins surtout pauvres ou malades y étaient accueillis dans une grande salle dont il reste les bases des piliers. Une chapelle (XIIIe siècle), encore utilisée pour le culte paroissial, assurait le service religieux. Il était même prévu un cimetière pour les pèlerins défunts trop démunis pour acheter une sépulture sur le parvis des églises : c'est le "champ des pauvres". À partir de ce "montjoie*" on découvre, non pas la chapelle masquée par les murs et bâtiments du fort, mais l'église Saint-Sauveur. Dès lors le pèlerin peut se mettre, comme la dame de Pierre-Buffière du *Livre des Miracles*, "nu-pieds et en habit de laine" et, passée la porte de l'Hôpital, descendre vers le village par la "Voie Sainte" jusqu'au Grand Escalier qu'il gravira, selon son vœu, jusqu'à la Vierge au creux du rocher.

Les miracles de Notre-Dame de Rocamadour

Un sansonnet rendu à sa maîtresse

Almodis, la noble dame de Pierrebuffière, en Limousin, avait depuis trois ans un de ces oiseaux qu'on appelle vulgairement un sansonnet. Elle l'avait très bien dressé. Il répétait avec empressement tout ce qu'on lui disait, il modulait autant que cela lui était possible sa voix sur la voix des personnes qu'il entendait chanter, et même il imitait les gestes des danseurs. Il arriva que la dame quitta son château pour aller habiter dans un autre ; elle emporta avec elle son sansonnet. Mais ne pouvant s'habituer à ce changement, l'oiseau s'échappa et s'envola dans la forêt. La châtelaine, émue au-delà de tout ce qu'on peut dire, était incapable de contenir son chagrin ; elle témoignait autant de douleur que si elle eût assisté aux funérailles d'un de ses enfants. Tout le monde cherchait partout le sansonnet ; on ne le trouvait nulle part. Almodis ne cessait de pleurer son oiseau, ne voulant recevoir aucune consolation : pendant trois jours, elle fut dans le deuil et dans l'affliction. Mais c'est mal de pleurer et de gémir pour des choses temporelles : la noble dame le comprit, elle sut mettre haut son cœur affligé et, s'adressant du fond de l'âme à la Reine des cieux, si tendre pour exaucer toutes les prières, elle promit de se rendre nu-pieds et en habits de laine à son église de Rocamadour. Chacun avait perdu l'espoir de revoir jamais l'oiseau quand, tout à coup, à l'insu de tous, il revint et fut retrouvé dans sa cage. La dame, toute joyeuse, loua bien haut la glorieuse Vierge. Sans perdre de temps, elle vint accomplir son vœu et raconta le prodige.

Jean ROCACHER, *Les miracles de Notre-Dame de Rocamadour au XIIIe siècle*. Réédition actualisée de la traduction du Ch. Albe, de 1907, Éd. Le Pérégrinateur, 1996, p. 197.

La chapelle de l'Hospitalet
vue depuis les ruines
de la salle de l'Hôpital

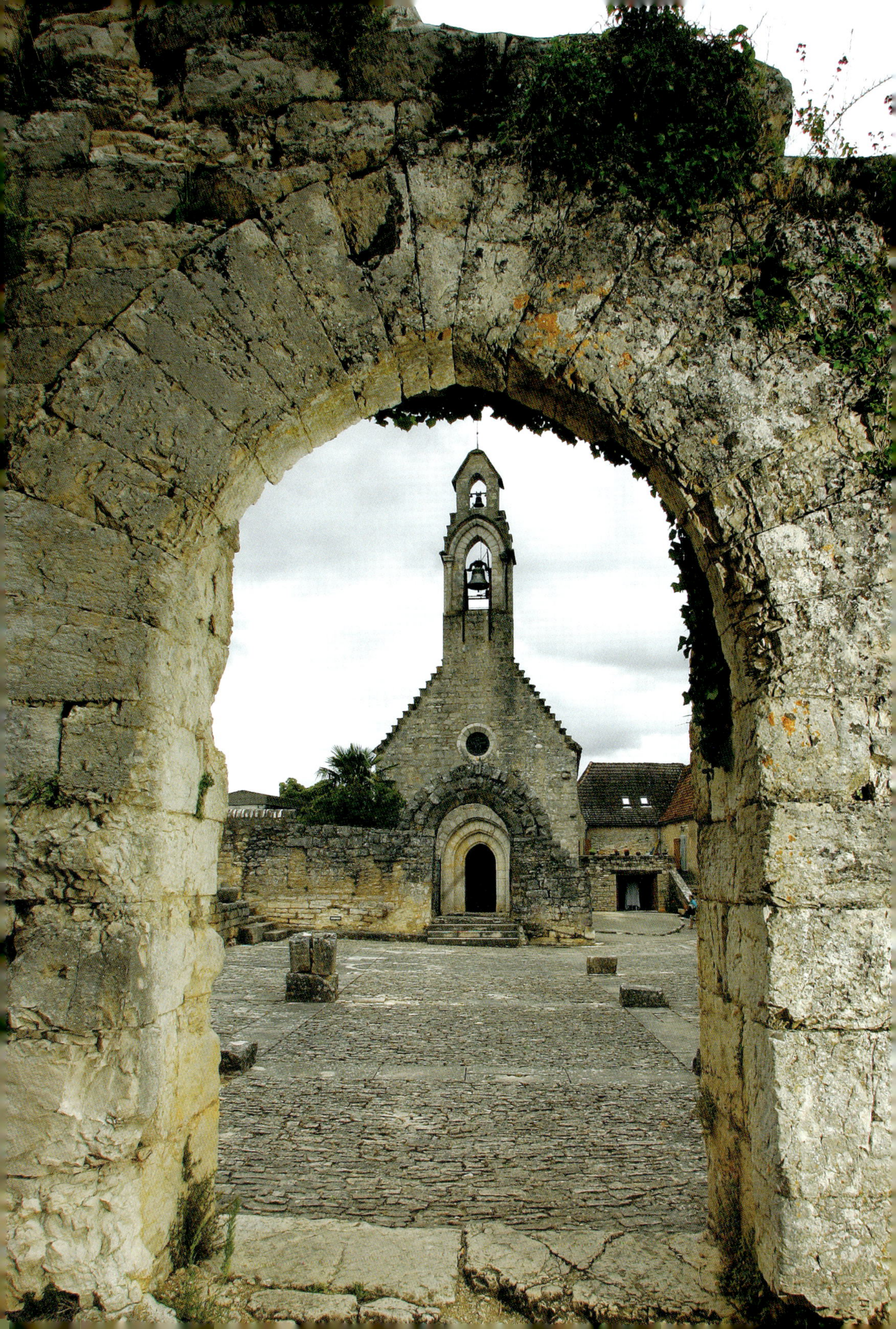

4. Le rayonnement de Rocamadour dans l'Occident chrétien

Le pèlerinage médiéval, véritable phénomène de société, mobilise aussi bien les princes ou le clergé que le petit peuple. Il est donc normal qu'il tienne une place importante dans la vie politique de son temps.

Le pèlerinage vers les Lieux Saints et Jérusalem est en lien étroit avec les croisades. En Espagne, Saint-Jacques-de-Compostelle vit lui aussi au rythme de la reconquête par les princes chrétiens des territoires occupés par les Maures. C'est un signe du rayonnement exceptionnel de Rocamadour que de le voir mêlé à ces épopées médiévales.

Les miracles de Notre-Dame de Rocamadour

D'une femme qui ne put être noyée

À la mort de Gaston de Béarn, son épouse l'Infante (Sancie), sœur du roi de Navarre, se trouvait enceinte et fort peu de temps après elle accoucha avant terme d'un enfant mort. Nobles et non-nobles, le peuple tout entier, hommes et femmes, se montrèrent fort affligés de cet événement, dans lequel ils croyaient déjà voir leur perte future, la destruction des églises, la ruine de tout le royaume. La princesse fut accusée (odieuse calomnie comme on peut le voir) d'avoir procuré cet avortement. Citée au tribunal du roi de Pampelune, Sanche, et de son conseil, elle fut condamnée à être brûlée vive ou jetée pieds et poings liés dans la rivière.

Voyant la mort approcher, la princesse, qui se savait innocente de l'horrible forfait qu'on lui reprochait, implora le secours de la Vierge Marie, Notre-Dame de Rocamadour, et ce secours ne lui fit pas défaut. Elle fut liée pour subir le jugement de l'eau et du haut du pont très élevé de Sauveterre, précipitée dans le Gave. À ce spectacle douloureux, ou plutôt cruel, étaient accourues plus de 3000 personnes, hommes et femmes, les uns l'outrage à la bouche, les autres pleins de compassion et priant Dieu pour elle, tous s'attendant que la malheureuse fût noyée. Le torrent était très profond ; mais par la miséricorde de Dieu et le secours de sa très glorieuse Mère, la princesse fut portée sur les eaux à une distance de trois fois le jet d'un arc et, sans avoir enfoncée, déposée doucement sur un banc de sable. Ses serviteurs, pleins de joie, la rapportèrent désormais libre dans sa demeure. En reconnaissance, elle broda patiemment, à la gloire de sa Libératrice, **une magnifique tapisserie et l'envoya à l'église de Rocamadour, précisément par l'intermédiaire de l'abbé Géraud qui revenait de Saint-Jacques (de Compostelle).**

Jean ROCACHER, *Les miracles de Notre-Dame de Rocamadour au XIIIe siècle*. Réédition actualisée de la traduction du Ch. Albe, de 1907, Éd. Le Pérégrinateur, 1996, p. 147.

Le *Livre des Miracles* nous rapporte l'intercession de Marie en faveur d'une princesse d'Aragon, faussement accusée d'infanticide. Son neveu, Sanche VII, en signe de reconnaissance, fait plusieurs donations au pèlerinage. La dévotion à la Vierge noire se répand largement en Espagne et au Portugal : Séville, Estella, Hormillas pour l'Espagne ; Torres Vedras, Braga, Guimares pour le Portugal (voir p. 38).

Le moine Albéric rapporte, dans une chronique considérée comme sérieuse, que la victoire du roi de Castille sur les Maures à La Navas de Tolosa, en 1212, se dessina lorsque l'étendard de la Vierge noire fut déployé sur le front des troupes. Cette victoire, étape importante de la reconquête, confirme et étend le prestige de Rocamadour.

Au nord, Henri II Plantagenêt, pèlerin de Rocamadour, favorise l'érection d'une chapelle dédiée à Notre-Dame de Rocamadour dans ses terres bretonnes à Camaret (XIIe siècle). La chapelle actuelle date du XVIIe siècle.

Le "château".
Construction et restauration XIXe siècle

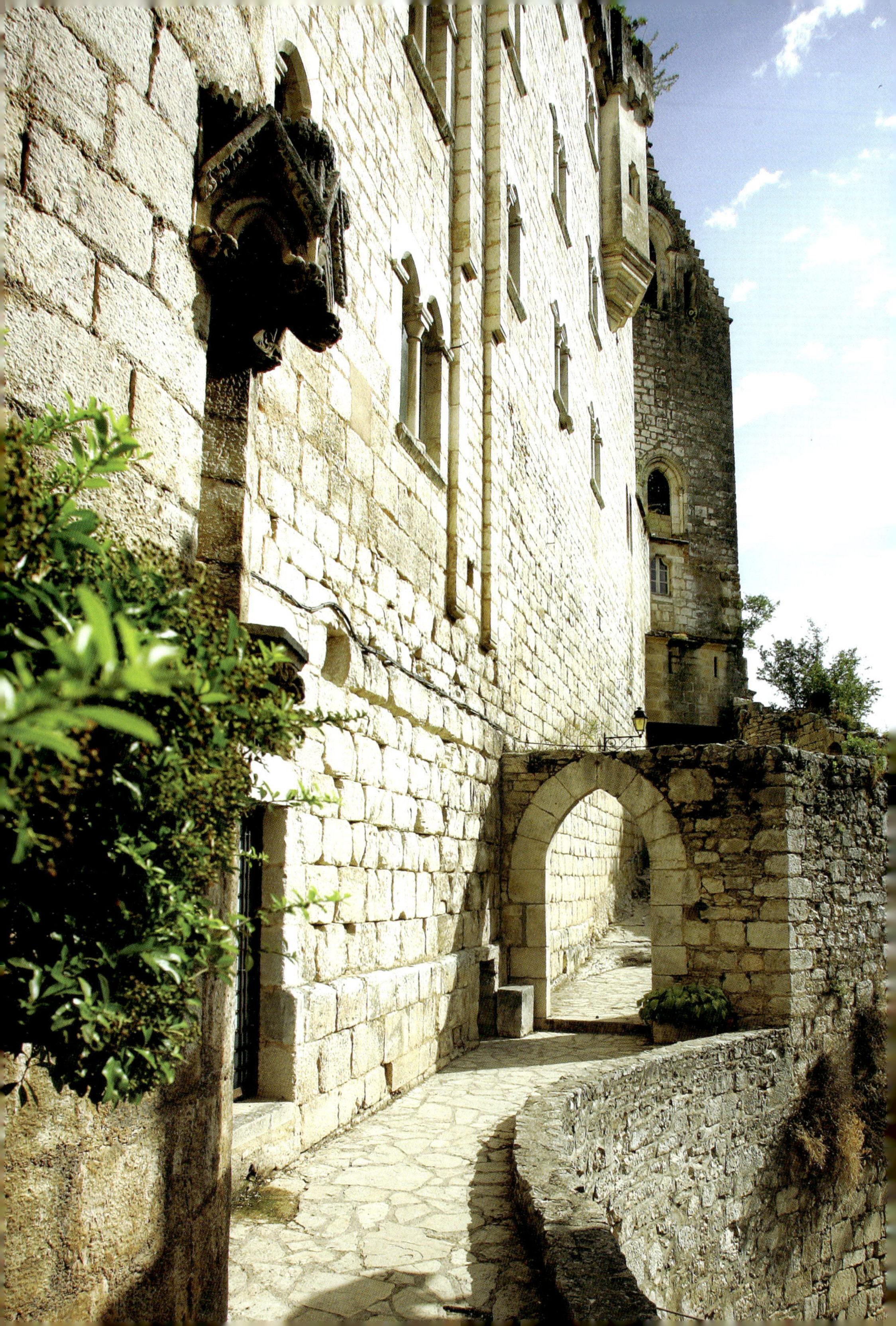

Le chemin de ronde sur fondations XIVe siècle (page 46)

V. Les années difficiles : XIVe au XVIIIe siècle

1. Le départ des moines (1317)

Le pape cadurcien Jean XXII érige l'abbaye de Tulle en évêché. Les moines sont remplacés par des chanoines, encore nombreux (15 environ), qui vont assurer le service du pèlerinage jusqu'à la Révolution.

2. La guerre de Cent ans (vers 1337-1453)

Le Quercy devient champ de bataille entre les partisans du roi d'Angleterre et les partisans du roi de France. Le déclin de Rocamadour vient moins de l'impiété des Anglais qui, au contraire, respectent le pèlerinage que de la rareté des pèlerins causée par l'insécurité et les troubles. Rocamadour achève alors de se transformer en place-forte. On renforce les remparts sur la falaise. La chapelle Saint-Blaise témoigne de la reprise des fortifications autour des églises. Au pied du Grand Escalier est érigé un "château", l'actuelle **Caretta**, dont les infrastructures sont profondément enterrées.

En 1428, le roi de Bourges, Charles VII, en grand danger de perdre son royaume et se souvenant peut-être des pèlerinages de ses prédécesseurs, saint Louis et Louis XI, demande au pape Martin V d'accorder des indulgences particulières aux pèlerins de Rocamadour. La supplique est acceptée tandis que se déroule au même moment l'épopée de Jeanne d'Arc (1428-1431). Ainsi naît la tradition des **"Grands pardons"** de Rocamadour.

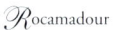

3. Les guerres de Religion (XVIe siècle)

Dès les premiers mois de ces guerres le pèlerinage de Rocamadour est pillé (1562) par un Quercynois de Souceyrac, Bessonies, chef de bande au service d'un protestant, le prince de Condé.
C'est alors qu'est mis en cendres le corps de saint Amadour et que disparaissent quantité d'objets précieux. Seule sera sauvegardée la statue de la Vierge noire.

4. Le discrédit des pèlerinages

La Réforme catholique, aux XVIIe et XVIIIe siècles, est sensible aux reproches de Luther pour qui les pèlerinages sont une occasion de dégradation morale et surtout un oubli du devoir d'état où s'accomplit d'abord la volonté de Dieu. La priorité des pasteurs se porte plutôt vers le développement de la vie paroissiale. Pourtant Rocamadour garde encore une forte capacité d'influence : ainsi, en 1666, année de grand pardon puisque la fête du Saint-Sacrement coïncide avec celle de saint Jean-Baptiste, une foule énorme de 15 à 20 000 personnes se rend à Rocamadour. Pour donner la communion à 4 000 personnes, on choisit un grand pré entouré de murettes, probablement sur le plateau, vers Magès ou Flatou.

Notre-Dame de Rocamadour au Canada

Les troubles politiques et religieux du XVIe siècle accentuent le déclin du pèlerinage de Notre-Dame de Rocamadour. Il conserve cependant un grand prestige comme nous le montre le vœu du Malouin Jacques Cartier, explorateur du Canada.

Jacques Cartier (1491-1537), dans sa relation de voyage au Canada (1535-1536) raconte qu'il a dû affronter, avec ses hommes, "une grosse maladie et mortalité". Il s'agit du scorbut. Dans cette extrémité, en décembre 1535 :
Le capitaine, voyant la pitié et la maladie ainsi en mouvement, fit mettre le monde en prières et oraison, et fit porter une image et souvenir de la Vierge Marie contre un arbre, distant de notre front d'un trait d'arc, à travers les neiges et les glaces ; et il ordonna que, le dimanche suivant, l'on dirait en ce lieu la messe… Et la messe dite et chantée devant l'image, le capitaine fit vœu de pèlerinage à Notre-Dame de Rocamadour, promettant d'y aller si Dieu lui donnait la grâce de retourner en France.[1]
Les indigènes lui firent alors connaître une médecine à base d'écorce et de feuilles d'un arbre local, pilées et bouillies. Le breuvage produisit "un vrai et évident miracle" : la guérison du plus grand nombre.

Par la suite, Notre-Dame de Rocamadour est devenue patronne d'une paroisse de Québec. Cette paroisse est jumelée avec le pèlerinage quercynois.

1. Jacques CARTIER, *Voyages au Canada*, Éd. La Découverte, 1989, p. 225-231.

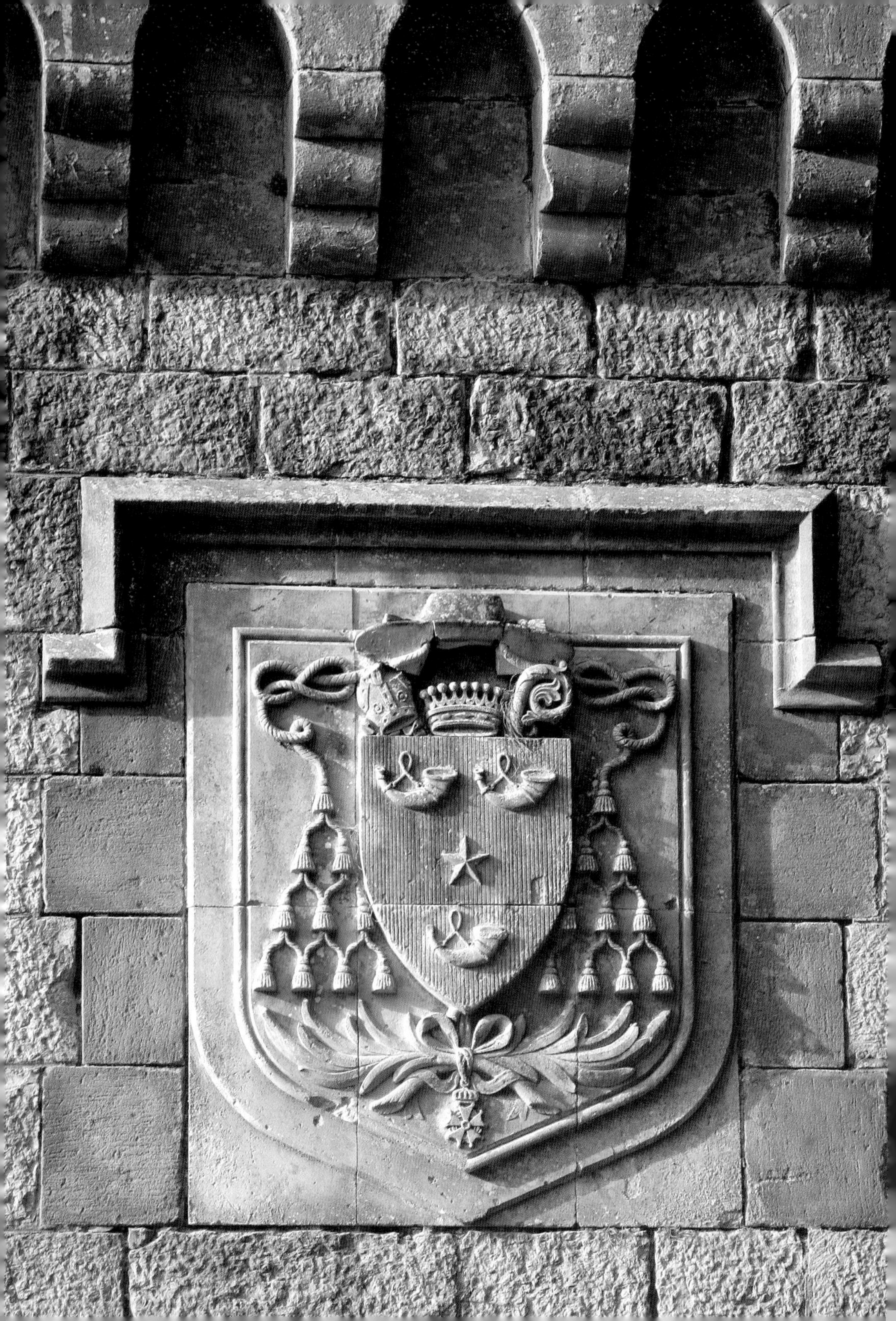

VI. Le renouveau architectural et religieux du pèlerinage au XIXe siècle

L'apparence actuelle du pèlerinage, au premier abord, depuis le Grand Escalier jusqu'au chemin de croix, en passant par les sanctuaires, est très dépendante des restaurations du XIXe siècle.

1. Les acteurs principaux

Avec le concordat de 1801, les évêques de Cahors deviennent responsables de Rocamadour, sans avoir encore le projet de s'en occuper en premier. C'est un prêtre de Paris, **l'abbé Caillau** (1793-1851), un temps missionnaire en Quercy et venu se reposer à Rocamadour en 1821, qui va amorcer la restauration du pèlerinage avec l'achat de la ruine qui, sur la falaise, domine le site. Il y fait bâtir, vers 1830, l'actuel château en style toscan pour servir de résidence à des missionnaires diocésains. Parmi eux, le **bienheureux Pierre Bonhomme** (1803-1861) va s'attacher particulièrement à la rénovation spirituelle du pèlerinage. Les principaux acteurs de ce renouveau seront, pour des débuts modestes, **Mgr d'Hautpoul** (1828-1842), et pour l'essentiel, **Mgr Bardou** (1842-1863) et **Mgr Grimardias** (1866-1896). Le maître d'œuvre et concepteur principal est un prêtre de Montauban, **l'abbé Chevalt** (1817-1876). Il appartient à l'école de Viollet-le-Duc pour qui "restaurer un édifice ce n'est pas l'entretenir, le réparer ou le refaire, c'est le rétablir dans un état complet qui peut n'avoir jamais existé". L'application de ces principes est manifeste lors des restaurations de la deuxième moitié du XIXe siècle.

Les armes de Mgr Grimardias (1866-1896)
(sans devise)

2. Le parvis des églises : éléments réparés ou restitués

La lanterne des morts sur le parvis ayant servi de cimetière

Ainsi la chapelle miraculeuse a été presque entièrement reprise à partir de 1858 (voir p. 11). Après les restaurations de l'abbé Chevalt, une colossale statue de la Vierge a été hissée sur l'angle sud. Elle est actuellement déposée sur le parking du Relais des Remparts.
À partir de 1846 le donjon, devenu sacristie de Saint-Sauveur, est relevé et couvert. Les voûtes de la basilique sont consolidées et la toiture refaite en ardoise. La **chapelle Sainte-Anne** est entièrement reconstruite sur le **chemin de ronde** et reçoit un portail du XVe siècle provenant du monastère des Dames Maltaises de l'Hôpital Beaulieu. Elle abrite le retable du XVIIe siècle situé avant 1890 dans la chapelle de la vierge noire (voir p. 11). Dans cet ensemble un bas relief en bois doré représente, avec mouvement et sensibilité, Marie dont une nuée cache la présence tout en suggérant "l'assomption" (p. 33). La **lanterne des morts** est restituée et la **chapelle Saint-Blaise**, dont les fondations sont médiévales, consolidée avec son portail du XIIIe siècle. La **chapelle Saint-Jean-Baptiste**, don d'une famille noble locale, les de Valon, est entièrement reprise ne conservant que son portail du XVe siècle. La crypte Saint-Amadour est déblayée – car elle avait aussi servi de lieu de sépulture – et la citerne du fond ouverte pour tenir lieu de sacristie.
La partie la plus massive et la plus visible des restaurations de l'abbé Chevalt est constituée par le **palais dit "des Évêques"**. Les soubassements dataient des XIIIe et XIVe siècles. Une citerne y avait été construite. Elle sert aujourd'hui de salle d'exposition pour le musée Francis Poulenc. Au XVe siècle les abbés de Tulle avaient aménagé au-dessus une salle où furent signées des chartes ou conventions avec les habitants de la cité. Mais l'ensemble était ruiné. S'inspirant de fenêtres romanes subsistant sur le chemin de ronde, l'abbé-architecte élève, sur quatre niveaux, un édifice bâtard avec un donjon-escalier d'angle, au sud, de 39 mètres de haut. Au nord, un escalier-tourelle est accolé à la chapelle Saint-Jean-Baptiste. Le tout est coiffé de parapets sculptés avec créneaux et merlons assortis. L'ensemble est terminé, selon une inscription, "en l'année terrible 1870".
Le même abbé reprend les escaliers à partir de la porte inférieure du Fort, ainsi que ceux qui conduisent à la chapelle miraculeuse, à la basilique Saint-Sauveur et à la crypte Saint-Amadour. Il dégage et allonge le tunnel sous la basilique, construit des salles voûtées et aménage le passage sous la chapelle Saint-Michel. On lui doit enfin le programme des vitraux de la chapelle de la Vierge et de la basilique.

Photo du haut à gauche :
Le palais des Évêques
Photo du haut à droite :
50 m de falaise domine le parvis
Ci-contre :
Effet de lumière du couchant

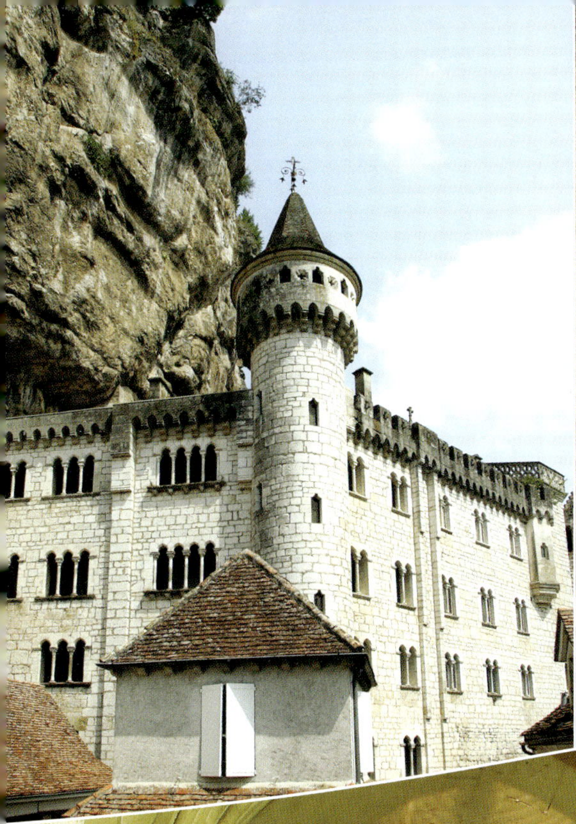
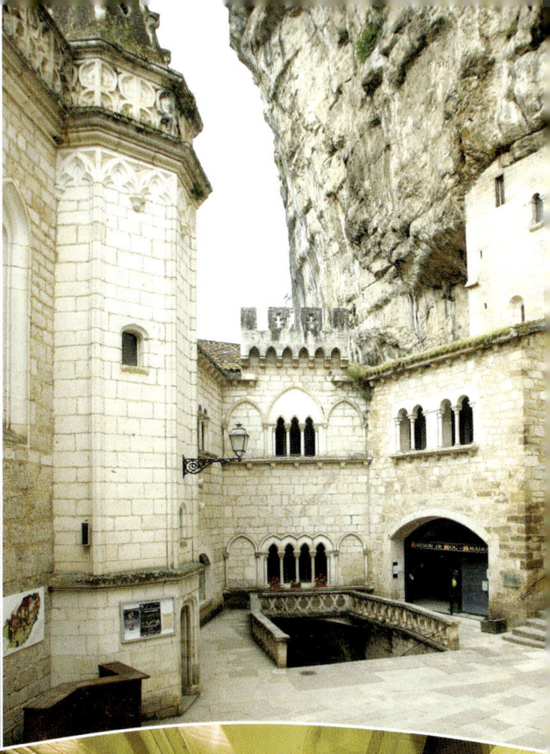
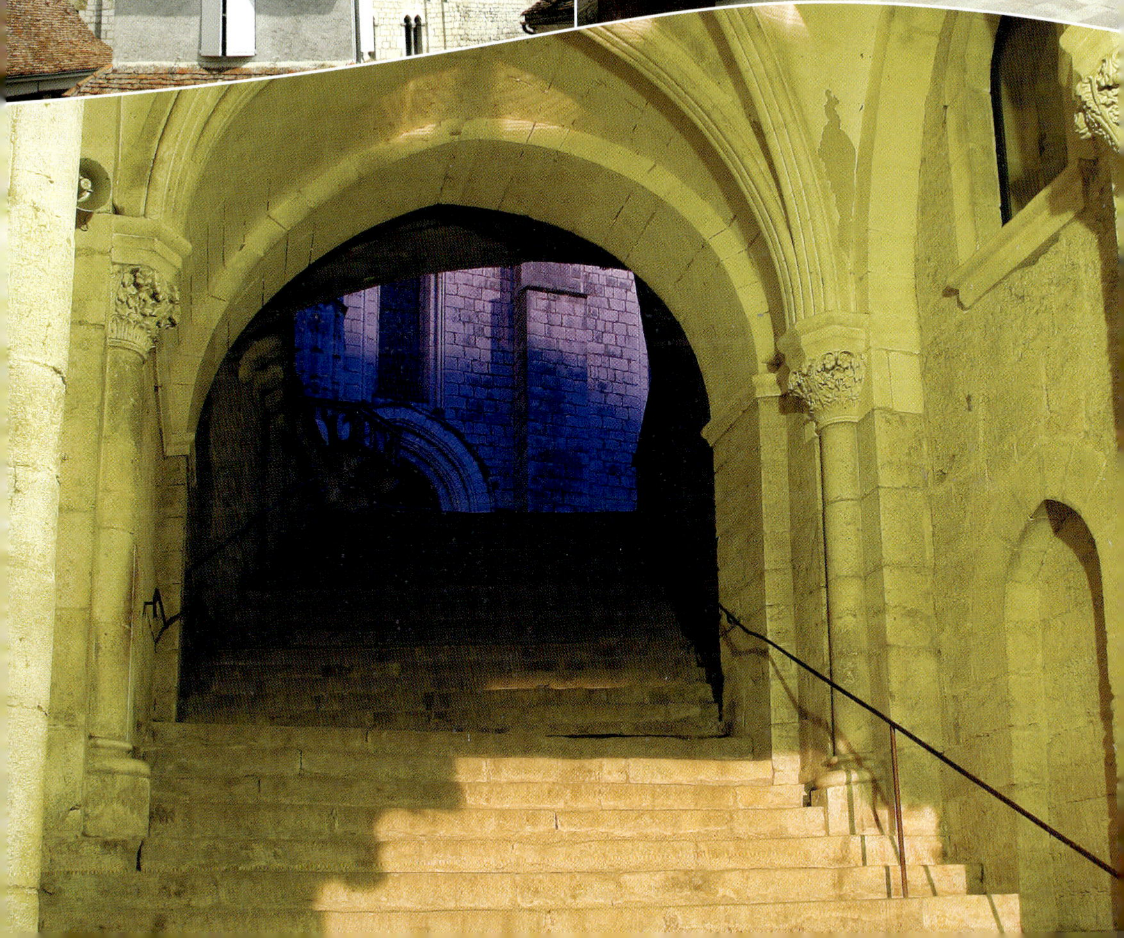

IX⁰ STATION

JESUS TOMBE
POUR LA TROISIÈME FOIS.

3. Avec Mgr Grimardias et Mgr Enard

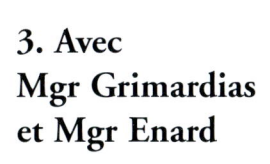

Les rampes autour de la chapelle et de la basilique sont terminées ; le Grand Escalier est recalé en 1890 ; la porte nord des sanctuaires, dite porte Saint-Martial, est refaite et porte les armes de Mgr Grimardias. En 1887 un chemin de croix est tracé dans l'ancienne carrière verdoyante et ombragée, jusqu'à un majestueux calvaire en rocaille. Sur le plateau, le rempart est rehaussé avec ses deux tours et sa courtine, le tout couronné d'un svelte campanile.

Vers 1900, la sortie nord des sanctuaires est aménagée en une esplanade aujourd'hui dédiée à Edmond Michelet.

Mgr Enard, évêque de Cahors (1896-1906), y a fait graver ses armes et dresser, au sommet d'une longue rampe inclinée, la statue de saint Martial. Cette statue avait été fondue à Vaucouleurs (Meuse), proche de Commercy, paroisse dont il avait été curé, et reprenait, croit-on, les traits de son visage.

Photo de gauche :
Une station du chemin de croix (1887)
Ci-contre à droite :
St Martial (1896)

VII. Rocamadour aujourd'hui : une constante vitalité

1. Le temps des "touristes"

Leur apparition est un phénomène de société bien connu. Elle a été favorisée par les chemins de fer, la hausse du niveau de vie, etc. Les touristes deviennent nombreux à Rocamadour vers 1880 avec l'ouverture de la ligne de chemin de fer Paris-Toulouse par Capdenac (1862) et leur arrivée ne semble pas toujours la bienvenue. C'est toutefois le chemin de fer qui a fait la fortune de Lourdes après 1870. Rocamadour se trouve ainsi sur un chemin qui n'est plus de Saint-Jacques-de-Compostelle mais qui constitue une étape, parfois de quelques heures, pour des pèlerinages venus de Belgique, d'Irlande, d'Allemagne, de Suisse ou d'Autriche. Le visage du pèlerinage s'en trouve modifié. Depuis son renouveau, au XIXe siècle, il avait rassemblé, pour le plus grand nombre, des fidèles du nord du diocèse de Cahors et du bassin de Brive. Avec le chemin de fer, il devient plus international et semble retrouver la dimension européenne de ses origines.

Depuis les années 1980 l'arrivée par chemin de fer devient négligeable. Les autocars et les voitures individuelles assurent la plus grande partie des déplacements. Les visiteurs ou pèlerins se diversifient eux aussi et leur provenance tend à se mondialiser. Elle reste cependant à forte coloration européenne.

De même qu'il y avait, dès le Moyen Âge, beaucoup de touristes parmi les pèlerins, il y a aujourd'hui beaucoup de pèlerins parmi les touristes. Ils sont le reflet d'un monde sécularisé où la venue à Rocamadour s'appuie sur des motifs surtout culturels. L'attente spirituelle n'est pas toujours à l'origine de la démarche mais continue de s'y manifester discrètement. L'expérience des guides ou des accompagnateurs peut en témoigner.

2. Les grands pèlerins d'aujourd'hui

Quelques noms célèbres restent attachés au pèlerinage de Rocamadour des cinquante dernières années.

Edmond Michelet (1899-1970), très lié à Brive par sa profession, sa famille et surtout son action de résistant, a toujours manifesté un grand attachement spirituel et matériel à Rocamadour. Il a ainsi permis de poursuivre le bon entretien des bâtiments : restaurations intérieures, toitures, éclairage, sonorisation. L'esplanade qui conduit des ascenseurs au sanctuaire lui a été dédiée.

Sur un autre registre, **Francis Poulenc** (1889-1963), compositeur mondialement connu, a trouvé à Rocamadour la source majeure de sa musique religieuse. Après son retour à la foi, en 1936, il compose les "Litanies de la Vierge noire de Rocamadour pour chœur de femmes ou d'enfants et orgues" sur les paroles d'une litanie imprimée au dos d'une simple image pieuse (voir p. 52). Ces paroles reprennent tout le légendaire médiéval propre à ce sanctuaire : Zachée, Amadour, Martial, Roland, mêlé au souvenir bien attesté de saint Louis. Le compositeur en assume volontiers la confiante naïveté.

Litanies à la Vierge noire

Seigneur, ayez pitié de nous,

Jésus-Christ, ayez pitié de nous.

Jésus-Christ, écoutez-nous.

Jésus-Christ, exaucez-nous.

Dieu le Père, créateur, ayez pitié de nous.

Dieu le Fils, rédempteur, ayez pitié de nous.

Dieu le Saint Esprit, sanctificateur, ayez pitié de nous.

Trinité Sainte qui êtes un seul Dieu, ayez pitié de nous.

Sainte Vierge Marie, priez pour nous.

Vierge, reine et patronne, priez pour nous,

Vierge que Zachée le publicain nous a fait connaître et aimer,

Vierge à qui Zachée ou saint Amadour éleva ce sanctuaire, priez pour nous.

Reine du sanctuaire que consacra saint Martial et où il célébra les saints mystères,

Reine près de laquelle s'agenouilla saint Louis, vous demandant le bonheur de la France, priez pour nous.

Reine, à qui Roland consacra son épée, priez pour nous.

Reine, dont la bannière gagna les batailles, priez pour nous.

Reine, dont la main délivrait les captifs, priez pour nous.

Notre-Dame, dont le pèlerinage est enrichi de faveurs spéciales,

Notre-Dame que l'impiété et la haine ont voulu détruire,

Notre-Dame, que les peuples visitent comme autrefois, priez pour nous.

Agneau de Dieu, qui effacez les péchés du monde, pardonnez-nous.

Agneau de Dieu, qui effacez les péchés du monde, exaucez-nous.

Agneau de Dieu, qui effacez les péchés du monde, ayez pitié de nous.

Notre-Dame, priez pour nous, afin que nous soyons dignes de Jésus-Christ.

Au dos d'une image pieuse du XIXe siècle.

3. Un développement permanent

Aussi était-il normal que le musée, installé dans le palais des évêques, lui soit dédié. Ce **musée** est à la fois un complément et un éclairage du haut lieu de Rocamadour. Beaucoup de trésors, avec les vicissitudes de l'histoire, ont disparu mais quelques-uns, parfois venus de villages voisins, ont pu y être rassemblés : des reliquaires et objets cultuels, surtout des manuscrits anciens et d'autres documents plus récents qui témoignent d'une solide continuité de la vie religieuse du lieu, "depuis la nuit des temps".

La même continuité se vérifie aussi dans les aménagements réalisés : ascenseurs de la cité aux sanctuaires et des sanctuaires au château (1989). Les projets en cours tels que la réfection des tribunes du XIXe siècle dans la basilique Saint-Sauveur ou le nettoyage des peintures du parvis de la chapelle de la Vierge vont dans le même sens.

Trésors du musée :
- *Reliquaire avec émaux du XIIIe siècle*
- *Autre Vierge noire*
- *Ex-voto de 1648*

Rocamadour demain

L'histoire qui se fait et se vit aujourd'hui, pour être féconde, doit se garder en lien avec des "lieux de mémoire". Ces racines l'aident à assumer la fuite, peut-être trop rapide, d'un temps évanescent. Rocamadour est l'un de ces lieux, témoin et source d'une foi et d'une espérance irrésistibles. Il le fallait bien pour élever, faire grandir et léguer à notre génération de tels monuments dans un site si peu favorable.

Car ce haut lieu parle aux visiteurs les plus sécularisés de notre Europe aussi bien qu'aux enfants d'autres cultures. Il est comme un défi aux lois de l'utilité mercantile et de la force dominatrice. Ce projet d'une œuvre humainement superflue et sa réalisation invitent à regarder d'autres horizons : le ciel au-dessus du parvis peut-être ?

Il parle aux croyants de toutes sensibilités qui ne cessent d'y manifester leur attachement à la Vierge noire lors des célébrations quotidiennes ou à l'occasion de pèlerinages organisés, voire individuels, par ces veilleuses qui prennent la suite des cierges si souvent évoqués dans le *Livre des Miracles* ; il parle surtout par ces temps d'arrêt silencieux et recueillis que ne troublent ni les visiteurs moins discrets ni les groupes envahissants. Il est vrai que le sourire accueillant de la Vierge noire suggère et soutient ces instants de paix.

Ce haut lieu parle enfin à tous les chercheurs de Dieu et qui pourrait se vanter de ne pas en faire partie ? D'une société sacrale, propre au Moyen Âge où Rocamadour a pris naissance et racine, nous sommes en chemin vers une société pluraliste et plus complexe. Nous y manquons souvent de références et de repères. Rocamadour met généreusement à notre disposition un riche passé. Il n'est pas une cité morte ni folklorique mais en permanente adaptation au moment qui vient. Il est donc partie prenante de notre avenir.

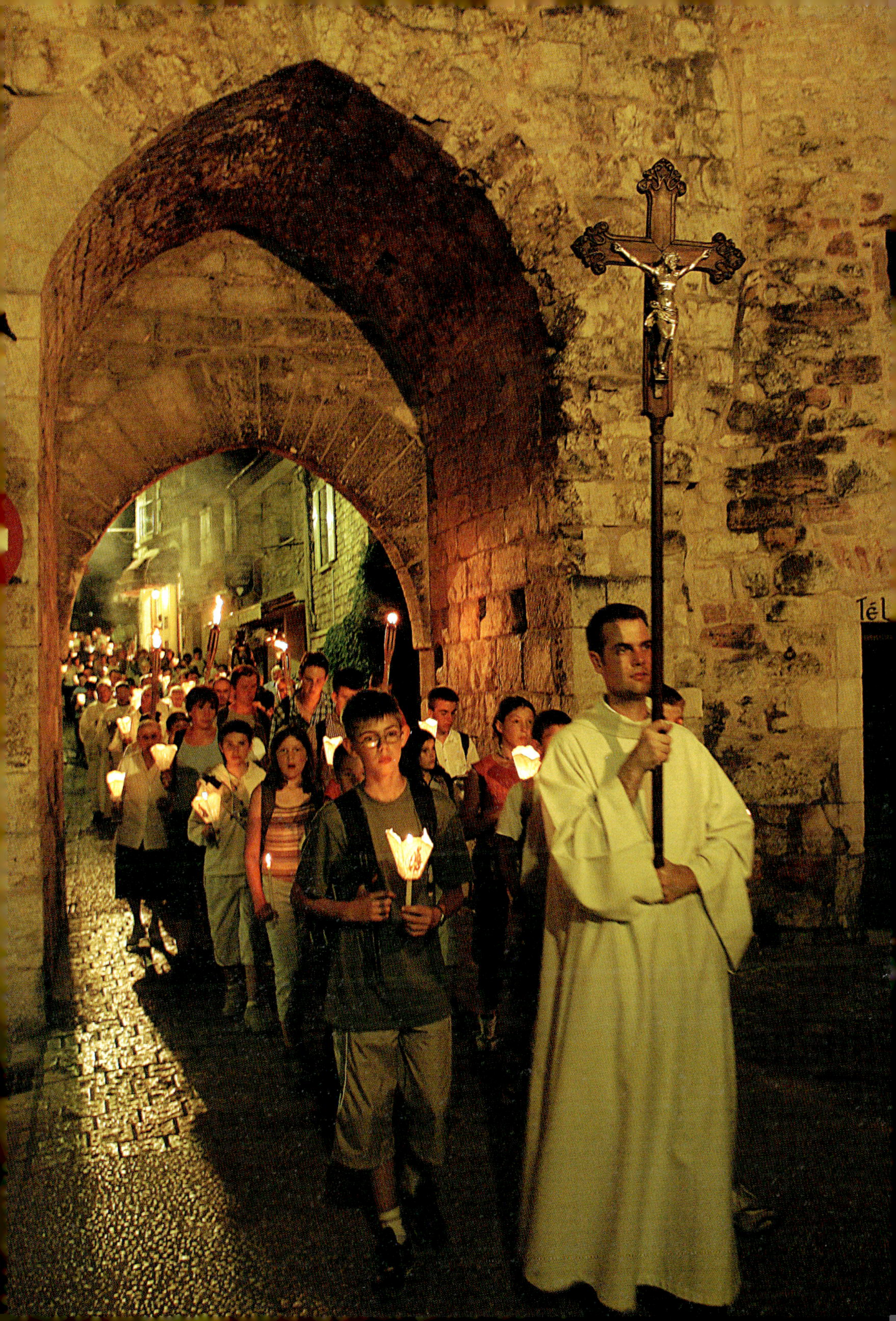
Tél

Les grandes dates du pèlerinage

Début du XIe siècle :
L'église de Rocamadour est tenue par les moines bénédictins de Marcilhac-sur-Célé.

1105-1112 :
Première mention d'un culte à la Vierge Marie avec pèlerinage dans une bulle du pape Pascal II. Les moines bénédictins de Saint-Martin-de-Tulle prennent possession de Rocamadour. Procès.

1152-1188 :
L'abbé de Saint-Martin-de-Tulle, Géraud d'Escorailles, organise et développe le pèlerinage.

1166 :
Découverte du corps de saint Amadour.

1172 :
Rédaction du Livre des Miracles.

1193 :
Transaction entre Marcilhac-sur-Célé et Saint-Martin-de-Tulle. Les bénédictins de Tulle gardent la possession de Rocamadour. La plupart des édifices de la cité religieuse sont en chantier (1160-1260).

1209 :
Début de la croisade contre les Albigeois. Simon de Montfort à Rocamadour pendant l'hiver 1211-1212.

1212 :
L'étendard de Notre-Dame de Rocamadour à la bataille de Las Navas de Tolosa.

1244 :
Saint Louis et sa famille à Rocamadour.

1369 :
Les Anglais à Rocamadour durant la guerre de Cent Ans (1337-1453).

1428 :
Indulgences accordées par le pape Martin V. Origine des "Grands Pardons" et épopée de Jeanne d'Arc (1428-1431).

1562 :
Début des guerres de Religion et pillage de Rocamadour par Bessonies. Le corps de saint Amadour est brûlé sur le parvis.

1666 :
Un Grand Pardon attire 20 000 personnes à Rocamadour.

1830-1872 :
Restauration spirituelle (par le bienheureux Pierre Bonhomme) et matérielle du pèlerinage.

1913 :
L'église Saint-Sauveur reçoit le titre de "basilique mineure".

2000 :
Année jubilaire et dernier "Grand Pardon" de Rocamadour.

Lexique

Abside :
à l'intérieur d'une église, extrémité derrière le chœur. La basilique Saint-Sauveur possède deux absides.

Absidiole :
petite abside ; ainsi la chapelle Saint-Michel.

Ambon :
estrade avec pupitre où se font les lectures liturgiques et la prédication.

Arcs diagonaux :
maçonnerie en pierre appareillée se croisant pour soutenir une voûte ; ainsi la crypte Saint-Amadour et la basilique Saint-Sauveur.

Arc doubleau :
maçonnerie en pierre appareillée allant d'un mur à l'autre et formant une voûte ; ainsi la crypte Saint-Amadour.

Cabochons :
clous à tête large et bombée où il est possible d'enchâsser des verres ou pierres précieuses ; ainsi la peinture du parvis de la chapelle miraculeuse et son autel du XIXe siècle.

Ex-voto :
objet ou inscription déposé dans une chapelle à la suite d'un vœu exaucé.

Mandorle :
gloire ovale en forme d'amande dans laquelle apparaît le Christ de majesté du Jugement dernier

Montjoie :
lieu généralement élevé d'où le pèlerin, tout à sa joie, aperçoit enfin le sanctuaire.

Nef :
partie d'une église qui s'étend du portail au chœur. L'église Saint-Sauveur avait deux nefs et deux absides au départ et maintenant trois nefs avec l'autel au nord.

Nimbe :
auréole ou cercle de lumière.

Parvis :
place située devant la façade d'une église.

Peinture :
à distinguer de la fresque en raison de la différence de support. La fresque est une peinture sur support (mortier) frais. Lorsque le support est sec, plusieurs peintures (à l'huile, à la colle, etc.) sont possibles ; ainsi les peintures du parvis de la chapelle.

Retable :
partie postérieure et décorée d'un autel, qui surmonte verticalement la table.

Sauveté :
refuge, en général le long d'une route importante.

Sommier :
poutre servant de support dans le montage des cloches.

Tympan :
espace délimité par un arc au-dessus du linteau d'une porte et orné de sculptures.

Table des principaux monuments, reproductions, plans ou sujets

Saint Amadour :
   son tombeau : p. 15
   sa légende : p. 16
   (voir saint Martial et Zachée)
   ses reliques et sa place dans
   le pèlerinage : p. 12, 26, 42, 52

L'autel de la chapelle miraculeuse :
   les bas-reliefs : p. 12
   de la basilique Saint-Sauveur : p. 28

La basilique Saint-Sauveur : p. 27, 28

Jacques Cartier et Rocamadour : p. 43

Les chapelles :
   chapelle miraculeuse : p. 11, 12
   chapelle Saint-Michel : p. 19, 20
   chapelles Sainte-Anne, Saint-Blaise, Saint-Jean-Baptiste : p. 23, 46

Le chemin de croix : p. 48, 49

Le Christ : p. 28

La cloche miraculeuse : p. 11

La crypte Saint-Amadour : p. 26

L'épée de Roland : p. 13, 17, 52

Le Grand Escalier : p. 33

Les granges et moulins des moines d'Obazine : p. 35

La grotte :
   la grotte primitive : p. 7, 11
   les grottes ornées de la région : p. 7

L'Hospitalet : p. 36

Les litanies de la Vierge noire : p. 52

Le *Livre des Miracles* : p. 17

Les miracles : p. 36, 38

Saint Martial : p. 12, 49, 52

Edmond Michelet : p. 51

Le musée Francis Poulenc : p. 53

Le palais des évêques : p. 46

Les peintures
   du parvis de la chapelle miraculeuse : p. 21, 22
   de la chapelle Saint-Michel : p. 20

Les pèlerins célèbres : p. 30, 32

Francis Poulenc : p. 51

Les restaurations
   des XIXe et XXe siècles : p. 46
   les principaux acteurs : p. 45
   objets et contenus : p. 46, 49, 51, 53

La Vierge noire
   description : p. 8
   le secret des Vierges noires : p. 9

Le village de Rocamadour maisons, portes anciennes : p. 33

Zachée : p. 12, 16, 52

Le plan des sanctuaires : p. 64

Le plan de Rocamadour : p. 62, 63

Bibliographie

Edmond ALBE *Rocamadour*, documents pour servir à l'histoire du pèlerinage, Brive, 1926.

Noëlle et Joseph GODIN, *Rocamadour*, Zodiaque, 1982.

COLLOQUE ROCAMADOUR 1970, *Saint Louis pèlerin et le pèlerinage de Rocamadour au XIIIe siècle*, Luzech, 1973.

COLLOQUE ROCAMADOUR 1972, *Le Livre des Miracles de Notre-Dame de Rocamadour*, Luzech, 1973

Jean ROCACHER, *Rocamadour et son pèlerinage. Étude historique et archéologique*, Toulouse, Privat, 1979, 2 vol.

Jean ROCACHER, *Découvrir Rocamadour*, Éd. Pèlerinage de Rocamadour, 1980.

COLLOQUE ROCAMADOUR 1993, sous la direction de P.A. SIGAL *L'image du pèlerin au Moyen Âge et sous l'Ancien Régime*, Éd. Amis de Rocamadour, 1994

Jean ROCACHER, *Les miracles de Notre-Dame de Rocamadour au XIIIe siècle*. Réédition actualisée de la traduction du Ch. Albe, de 1907, Éd. Le Pérégrinateur, 1996.

Jean ROCACHER, *Les restaurations des sanctuaires de Rocamadour*, Chronique de l'I.C. de Toulouse, 1987.

Ernest RUPIN, *Rocamadour. Étude historique et archéologique*, 1907, réimpression, Le Livre d'Histoire, Paris, 2001.

Michel BOURRIERES, *St Amadour et Ste Véronique*. Paris. Tolra, 1895. Réimpression 1990 (rassemble l'ensemble des légendes concernant Rocamadour selon l'esprit fin XIXe siècle).

Ces ouvrages, s'ils ne sont pas épuisés, ainsi que ceux cités dans le guide, peuvent être achetés ou commandés au **Magasin du Pèlerinage**, sur le parvis des sanctuaires. Tél. : 05 65 33 23 29

La vie du pèlerinage

Le Pèlerinage

Le recteur et les chapelains : Tél. : 05 65 33 23 34

Tous les jours de l'année :
À 11 heures : messe du pèlerinage à la chapelle de la Vierge ou, en cas de forte affluence, à la basilique Saint-Sauveur.

Propositions pour groupes organisés ou personnes regroupées :

• **Pèlerinage d'une demi-journée :** (à adapter pour l'après-midi)
9h30 : Rendez-vous à l'église de l'Hospitalet.
9h45 : Descente de la voie sainte et montée du Grand Escalier.
11h : Participation à la messe des pèlerins.
11h30 : Chemin de croix.
12h30 : Fin du pèlerinage.

• **Soir et après-midi :**
21h : Au départ de l'Hospitalet, procession aux flambeaux par la voie sainte et le Grand Escalier (45 mm).
21h45 : Prière mariale à la chapelle et chemin de croix.

• **DVD sur Rocamadour :** le Rocher marial.

• **Animations d'été :**
juillet et août : offices, eucharistie et adoration de 10h à 18h.
Triduum du 15 août avec procession aux flambeaux le 14 août au soir.

• **Toute l'année adoration et vêpres de 11h30 à 18h**

• **Nuit de Noël**

• **Semaine mariale :** début septembre. Thèmes et animations.

Les visites

Tél. : 05 65 33 23 23 – Fax : 05 65 33 23 24
e-mail : sanctuaire.rocamadour@yahoo.fr
site internet : www.notre-dame-de-rocamadour.com

Visite libre, tous les jours de l'année, de la chapelle, de la basilique et des peintures du parvis.
Visite guidée des sanctuaires : bénévoles sous la responsabilité des chapelains, visite gratuite aux heures annoncées sur le parvis.
Visite guidée de la cité religieuse : se renseigner au secrétariat du pèlerinage (tél. : 05 65 33 23 23) ou à l'Office de Tourisme (tél. : 05 65 33 22 00).

Le magasin du Pèlerinage :
Tél. : 05 65 33 23 29
05 65 11 62 20

Le musée Francis Poulenc :
Tél. : 05 65 33 23 30. Se renseigner pour les heures d'ouverture.

Le centre d'accueil sur le plateau :
Tél. : 05 65 33 23 23
Fax : 05 65 33 23 24
Pour pélerins en groupes, retraites, séminaires, sessions. 55 places environ.

Autres animations proposées à Rocamadour et dans la région :
se renseigner auprès de l'Office de Tourisme (05 65 33 22 00). De même pour l'hôtellerie, les campings, les gîtes, etc.

Mairie : Tél. : 05 65 33 63 26.

Plan de Rocamadour

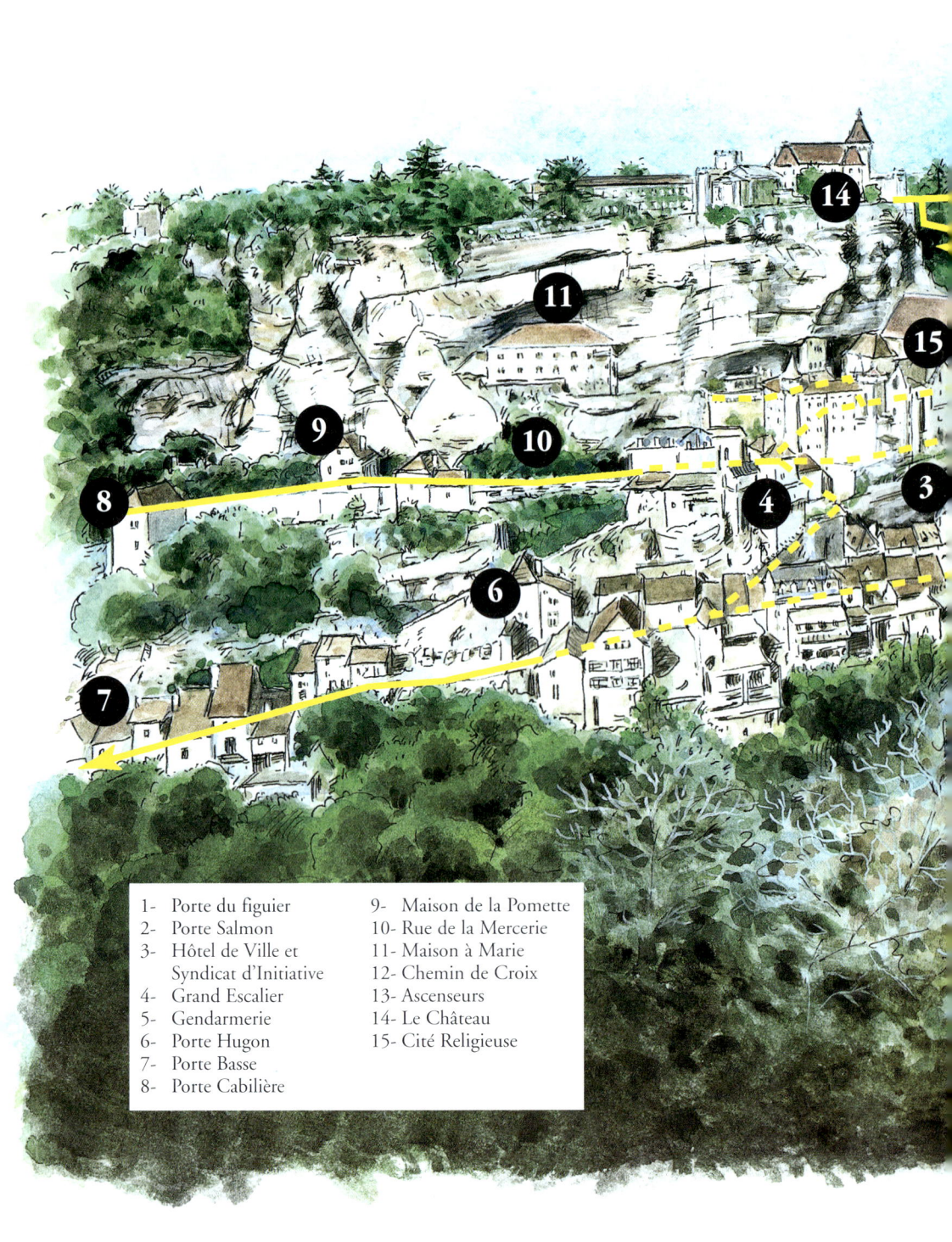

1- Porte du figuier
2- Porte Salmon
3- Hôtel de Ville et Syndicat d'Initiative
4- Grand Escalier
5- Gendarmerie
6- Porte Hugon
7- Porte Basse
8- Porte Cabilière
9- Maison de la Pomette
10- Rue de la Mercerie
11- Maison à Marie
12- Chemin de Croix
13- Ascenseurs
14- Le Château
15- Cité Religieuse

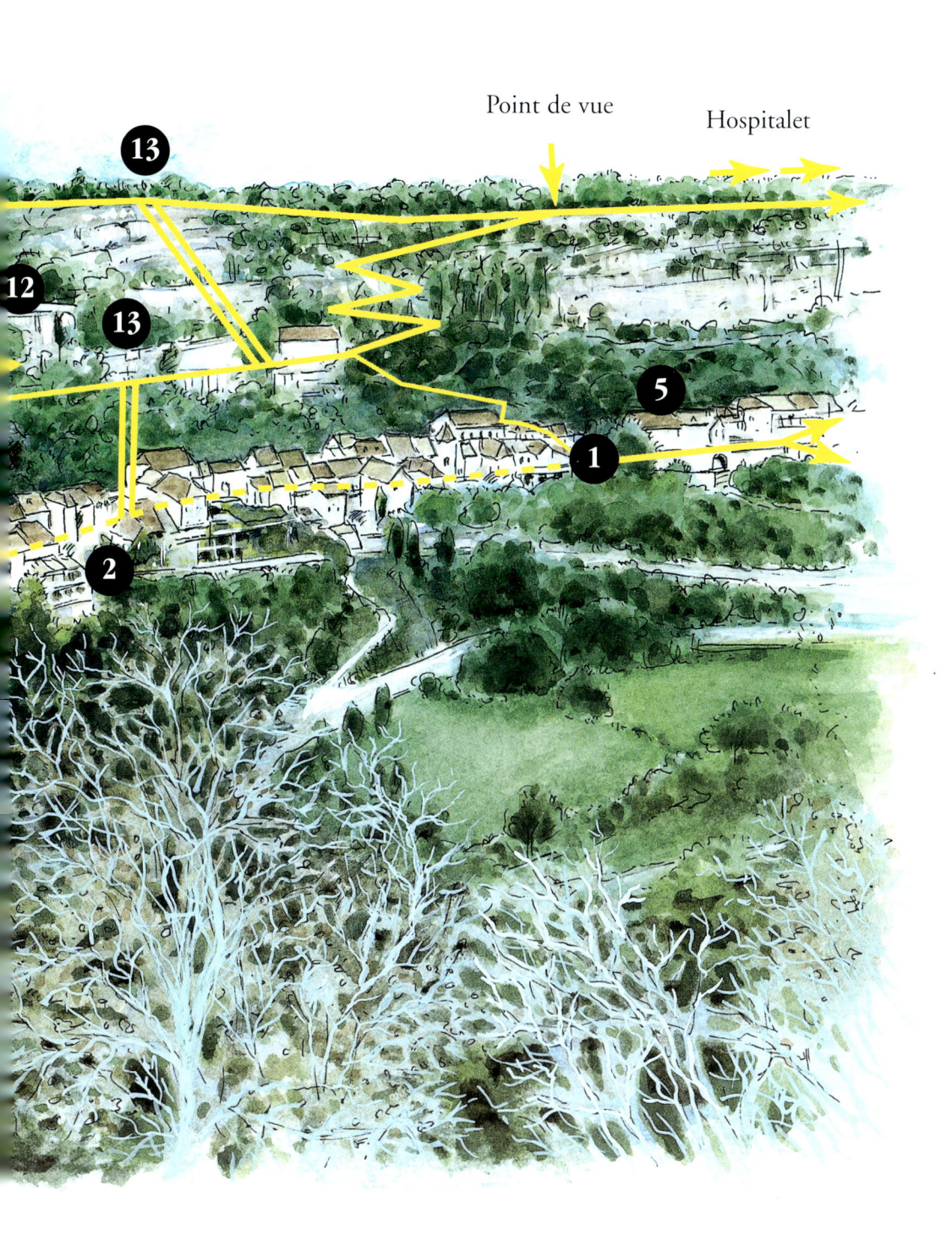

Rocamadour

Point de vue Hospitalet

La cité religieuse

Rocamadour

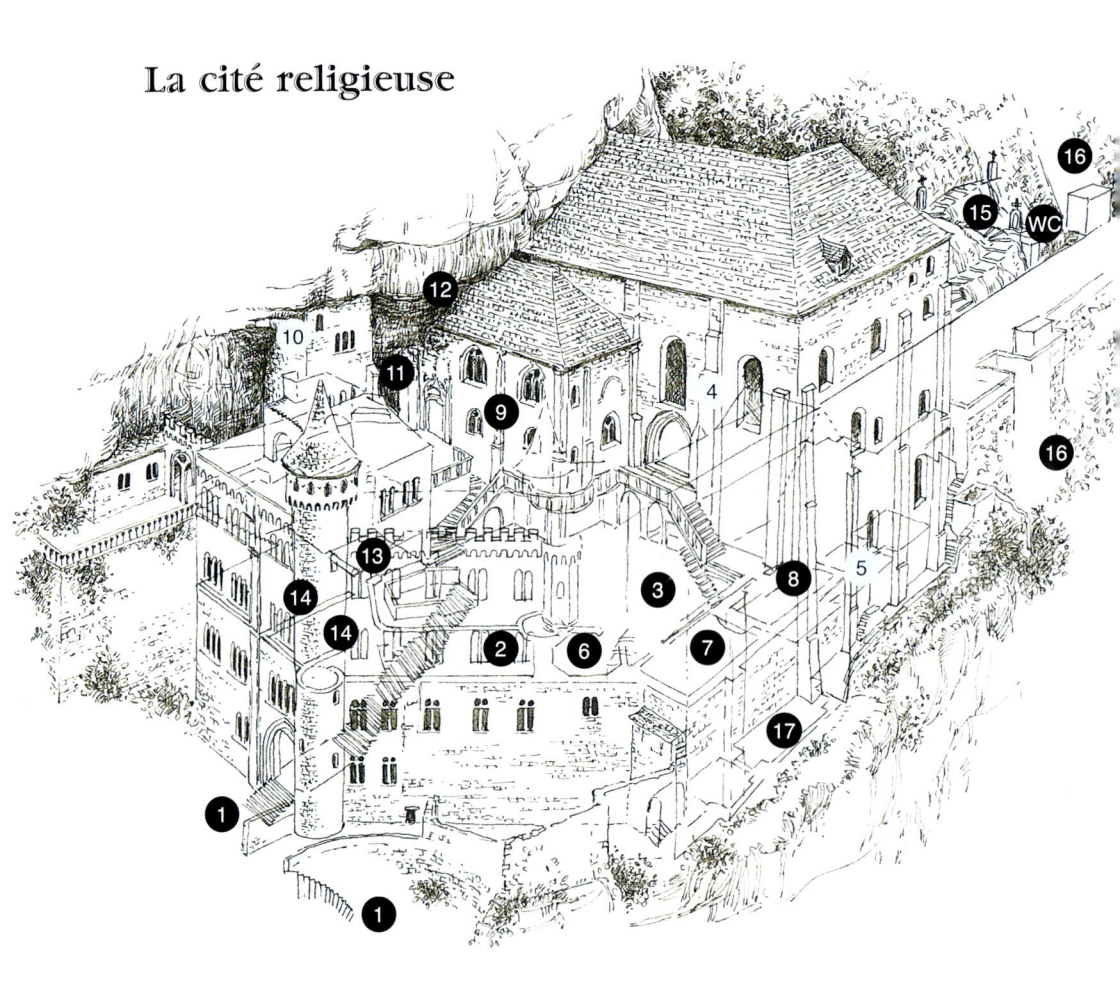

1- Grand Escalier
2- Palais des Évêques
3- Parvis des Églises
4- Basilique St Sauveur
5- Crypte St Amadour
6- Chapelle St Baptiste
7- Chapelle St Blaise
8- Chapelle Ste Anne
9- Chapelle Notre-Dame
10- Chapelle St Michel
11- Tombeau St Amadour
12- Durandal
13- Magasin du Pèlerinage
14- Musée, Trésor
15- Chemin de croix
16- Ascenseurs
17- Chemin de ronde

XIIème et XIIIème siècle